Renate und Achim Kostrzewa

ABENTEUER ARKTIS

Renate und Achim Kostrzewa

ABENTEUER ARKTIS

Die spektakulärsten Kreuzfahrten zwischen Grönland, Spitzbergen und Franz-Joseph-Land

BUCHER

Anfang September verfärbt sich die Vegetation bei Upernavik in Westgrönland schon herbstlich.

An Grönlands Nationalfeiertag, dem 21. Juni, wird das Kajak herausgeholt, das traditionelle Einmannboot der Inuit.

Blick auf die Eisberge des berühmten Eisfjords südlich von Ilulissat.

INHALT

Die »MS Berlin« liegt im Holandsfjord auf Reede. Mit Tendern geht es an Land zum Engerbreen (Nordnorwegen).

DIE ARKTIS
0 500 1000 km
Permafrost
Meer (bis 200 m Tiefe)
Meer (ab 200 m Tiefe)
Polarkreis (66°33' Nord)
10° C -Juli-Isotherme
Baumgrenze
Eisdrift
Inlandeis
PAZIFISCHER OZEAN
ALASKA
Anchorage
Valde
Nome
Fairbanks
Yukon
Beringstraße
KANADA
NORTHWEST TERRITORIES
Mackenzie
180°
KAMTSCHATKA
JAPAN
RUSSLAND
60° n. Br.
120°
WRANGEL-INSEL
Werchojansk
Beaufort-see
NEUSIBIRISCHE INSELN
Lena
BANKS-INSEL
80° n. Br.
Laptew
nördl. Polarkreis
VICTORIA-INSEL
NORDPOLARMEER
100°
NUNAVUT
SEWERNAJA SEMLJA
SIBIRIEN
Geographischer Nordpol
90°
Lancaster-Sund
ELLESMERE-INSEL
Jenissej
Hudson-bay
BAFFIN-INSEL
FRANZ-JOSEPH-LAND (zu Russland)
80°
KANADA
Qaanaaq (Thule)
80° n. Br.
Hudsonstraße
Baffin-bucht
Iqaluit
GRÖNLAND (zu Dänemark)
SPITZBERGEN (zu Norwegen)
NOWAJA SEMLJA
Ob
Longyearbyen
Davisstraße
Barents-see
Grönland-see
BÄRENINSEL (zu Norwegen)
60°
Kangerlussuaq
60° n. Br.
Nuuk
Hammerfest
RUSSLAND
Murmansk
Norwegische See
Tromsø
Dwina
Dänemarkstraße
Golfstrom
SCHWEDEN
ISLAND
Wolga
0°
NORWEGEN

KALAALLIT NUNAAT
(Grönland)
0 200 km
Nationalpark
Lincolnsee
Kap Morris Jesup
ELLESMERE-INSEL
(KANADA)
80° n. Br.
Grönlandsee
Smith Sund
Siorapaluk
Qaanaaq
(Thule)
AVANERSUAQ
(NORDGRÖNLAND)
NATIONALPARK
Danmarkshavn
Thule Air Base
Savissivik
Baffin
Bucht
Kullorsuaq
Daneborg
KITAA
(WESTGRÖNLAND)
Upernavik
Ittoqqortoormiit
Kangertittivaq
TUNU
(OSTGRÖNLAND)
Niaqornat
Uummannaq
Qilakitsoq
NUUSSUAQ
DISKOINSEL
Saqqaq
Qeqertarsuaq
Oqaatsut
Diskobucht
Ilulissat
Rodebay
Qasigiannguit
Gunnbjörn
3733 m
Sisimiut
Kangerlussuaq
Kangerlussuaq
Nördlicher Polarkreis («Hundeäquator»)
Davisstraße
Maniitsoq
Tasiilaq
Dänemarkstraße
Godthåbsfjord
Nuuk
Vesterbygd
Paamiut
Ivittuut
Narsaq
Østerbygd
Qaqortoq
Agdluitsup
(Sydprøven)
Nanortalik
Kap Farvel
Atlantischer Ozean
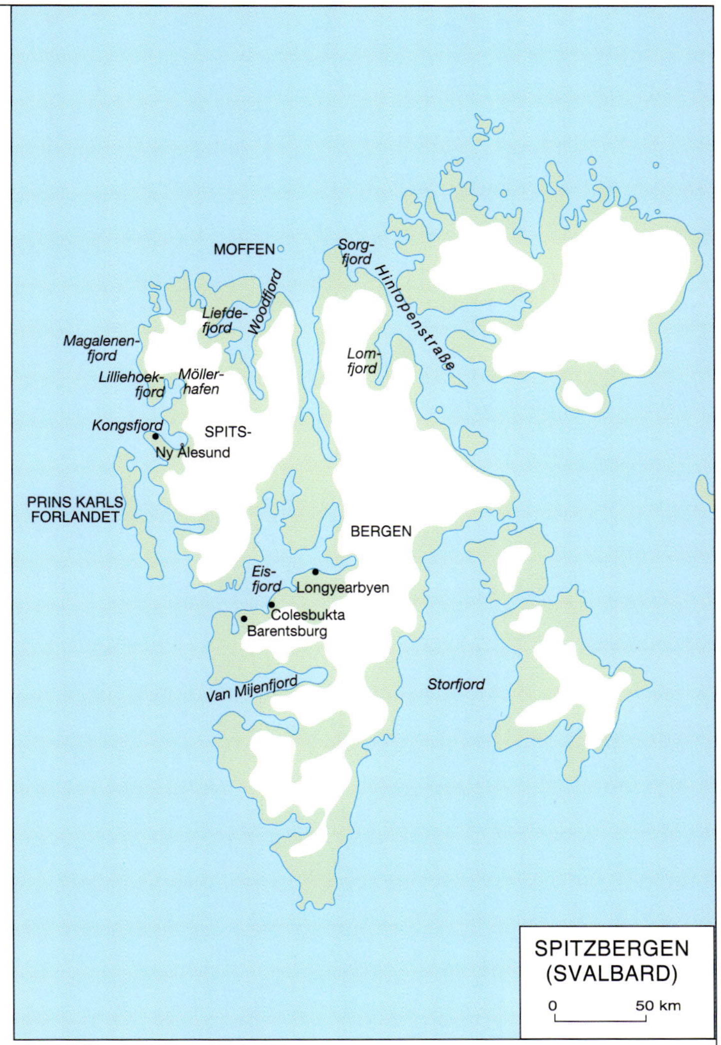
SPITZBERGEN
(SVALBARD)
0 50 km
MOFFEN
Sorg-
fjord
Hinlopenstraße
Liefde-
fjord
Woodfjord
Magalenen-
fjord
Lom-
fjord
Lilliehoek-
fjord
Möller-
hafen
Kongsfjord
SPITS-
Ny Ålesund
PRINS KARLS
FORLANDET
BERGEN
Eis-
fjord
Longyearbyen
Colesbukta
Barentsburg
Van Mijenfjord
Storfjord
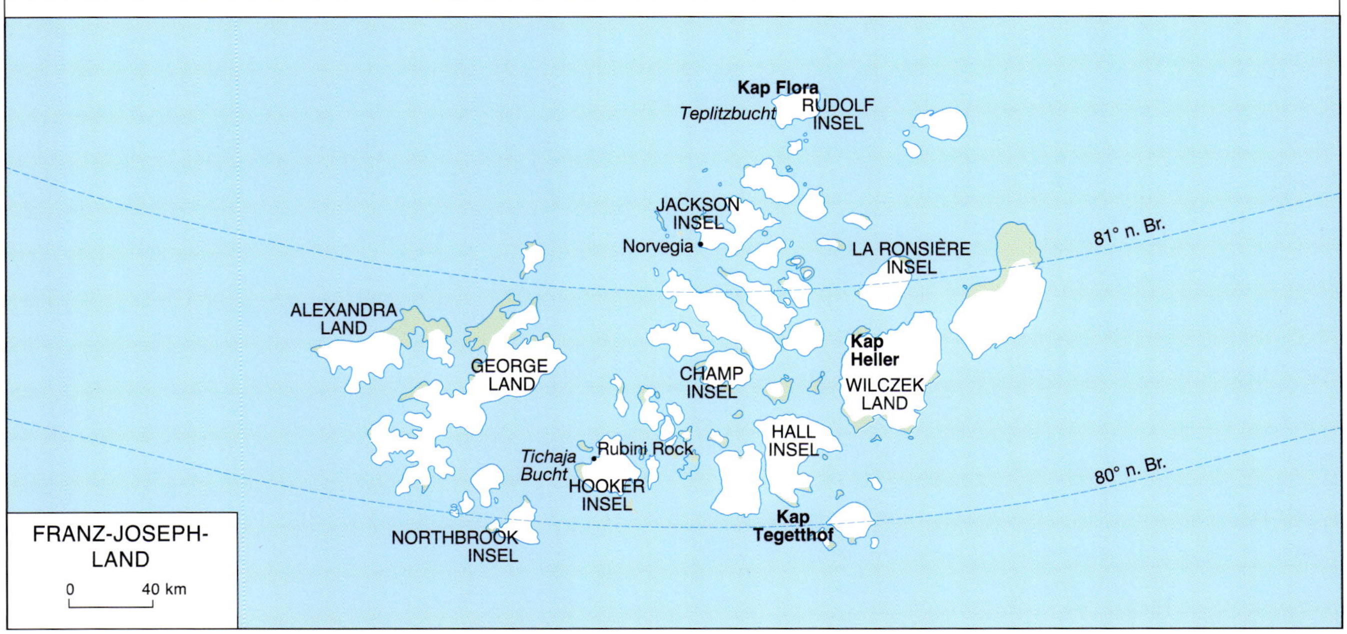
Kap Flora
Teplitzbucht
RUDOLF
INSEL
JACKSON
INSEL
Norvegia
LA RONSIÈRE
INSEL
81° n. Br.
ALEXANDRA
LAND
GEORGE
LAND
CHAMP
INSEL
Kap
Heller
WILCZEK
LAND
HALL
INSEL
Tichaja
Bucht
Rubini Rock
HOOKER
INSEL
80° n. Br.
Kap
Tegetthof
NORTHBROOK
INSEL
FRANZ-JOSEPH-
LAND
0 40 km

SCHIFF AHOI!

Auf nach Norden!

Seit 1984 haben wir Norwegen zunächst beruflich als Biologen/Geografen und Naturfotografen bereist. Auf Einladung eines kleinen Verlages wurden wir dann ab 1993 Buchautoren und veröffentlichten im April 2000 gerade den »KOSMOS Naturreiseführer Skandinavien« als unser 13. Buch. Auf den zahlreichen Recherchereisen hatten wir daher Norwegens Küsten und Gebirge aus der Sicht des Wanderers mit Campmobil (siehe S. 34) von seiner Südspitze bis hin zur russischen Grenze nach Kirkenes kennengelernt. Als uns dann gleich im Mai 2000 eine Einladung aus Hamburg erreichte, ob wir nicht Lust und Zeit hätten, die »MS Bremen« auf einer Fahrt entlang der westnorwegischen Küste von Bergen bis zum Nordkap zu begleiten, die Bäreninsel zu besuchen, Spitzbergen zu umrunden und wieder zurück nach Rendsburg zu fahren, waren wir überrascht und hocherfreut. An Bord sollten wir Vorträge über unsere Reisen, über Land und Leute und natürlich die beeindruckende Natur halten. Herz, was willst du mehr? Die dreieinhalb Wochen Zeit dafür wurden freigeschaufelt, der Passat Kombi bis zur Halskrause mit Überblend-Diaprojektion, Dias, Kameras, Filmen und Klamotten beladen, genau in der Reihenfolge, und Anfang August ging es ab nach Hamburg auf

Rechts: In langsamer Fahrt geht es mit der »MS Bremen« durch den Holandsfjord in Nordwest-Norwegen.
Rechte Seite oben links: Ålesund wurde nach dem verheerenden Brand von 1904 im Jugendstil wieder aufgebaut. **Mitte:** Das 496 Meter hohe Westkap ist nicht so überlaufen wie das Nordkap. **Rechts:** Die Hafeneinfahrt von Svolvaer auf den Lofoten.

VESTKAPP
62°11'18"N-5°7'33"Ø

die »MS Bremen«. Die Autoschlüssel wurden einem dienstbaren Geist der Reederei ausgehändigt, der uns versprach, das Auto nach Rendsburg zu bringen, wo es bei unserer Rückkehr auf uns warten sollte. So weit, so gut. Die »Bremen« und Kapitän Heinz Aye kannten wir schon aus der Antarktis. Der freundliche Empfang durch die Kreuzfahrtdirektorin Ingrid Schwarz, eine schöne Kabine und strahlender Sonnenschein ließen das Beste hoffen. Abends wurden der Staff und die Crew vorgestellt; wir hatten uns extra für die elegante Lounge aufgebrezelt und wurden von Ingrid, die von nun an unsere Chefin war, als »Schriftsteller« vorgestellt, was denn gleich auf meiner Seite zu einschränkendem Widerspruch führte: Reisebuchautoren wären ja nicht automatisch Schriftsteller, aber wir würden nach der charmanten Vorstellung denn auch versuchen, dem möglichst gerecht zu werden.

Die Reise war ein Traum, Superwetter, nette Kollegen, ein klasse Captain, die offene Brücke, da hätten wir den ganzen Sommer verbringen können ...

Am spannendsten war für uns der Wechsel der Perspektive. Wir, die langjährigen Küstenstraßenfahrer, konnten nunmehr die zerlappte norwegische Küste, deren fingerförmig verästelte Fjorde kilometerweit ins gebirgige Landesinnere greifen, ganz anders und neu erleben. Vom Schiff aus wirken die 1000 Meter steilen Felswände wie enge Schluchten. Wir haben auf dieser Hin- und Rückreise mit dem Kreuzfahrtschiff die faszinierendsten norwegischen Küstenlandschaften befahren, vom Lysefjord im Süden über den Svartisen-

Gletscher bis zu den steil aufragenden Lofoten mit dem engen, einsamen Trollfjord und dem regnerischen Nordkap auf Magerøya. Aber auch die kulturelle Seite Norwegens hatte ihre Höhepunkte. Die Ölmetropole Stavanger mit ihrem idyllischen, mit Kopfstein gepflasterten Altstadtkern, die alte Hansestadt Bergen, die Rosenstadt Molde und der Nidarosdom in Trondheim waren nur einige unserer Ziele.

Und wir immer mittendrin. Tagsüber fotografierende Reisende mit jeder Menge Zeit und abends oder auf Seetagen dann in Abwechslung mit zwei weiteren Kollegen, die Alleinunterhalter mit einem dankbaren Publikum aus mindestens 120 wissensdurstigen Zuhörern, die tiefsinnige Fragen über Natur- und Erdwissenschaften durchaus mit an die Bar oder zum nächsten Essen trugen. Mit »Sagen Sie mal, Frau oder Herr Doktor, Sie haben doch eben/gestern erzählt, dass …« fingen viele Gespräche an, die sich bis tief in die Nacht ziehen konnten und die fast immer viel Spaß gemacht haben, uns aber auch wegen des größer werdenden Schlafmangels manchmal echt forderten. Mit dieser vollen Power kann man dies vielleicht doch nicht den ganzen Sommer durchhalten. Für drei bis vier Wochen geht das aber ganz locker.

Und dann erst Spitzbergen! Wir waren ja schon vorher in Grönland, dem äußersten über Straßen noch erreichbaren Ostkanada und in Alaska gewesen. Aber Spitzbergen mit dem Schiff zu umrunden ist wirklich etwas Besonderes, zumal dies keineswegs immer gelingt, die Chancen dazu wegen der Klimaerwärmung aber steigen. Im August ist das Meereis um die Hauptinsel Spitzbergen meist geschmolzen. Weht jedoch ein kräftiger Nordwind, werden Eisschollen in die Hinlopen-Straße zwischen Spitzbergen und Nordaustlandet gedrückt und die Umrundung wird unmöglich. Wir erreichten sogar Moffen im Norden, eine Kiesbank voller

Linke Seite: Die charakteristischen Pfahlbauten der Lofotfischer, die Robuer, konnten direkt mit dem Boot angefahren werden. Heute sind einige zu Gästehäusern umfunktioniert.
Oben: Neun Stunden geht es durch den ruhigen, schmalen Søndre Strømfjord, bevor es draußen entlang der westgrönländischen Küste schaukelig werden kann.
Links: Mit dem Zodiac durch die Buchten und entlang der Inselchen von Røst – so erlebt man die Natur hautnah.

müffelnder Walrosse, und Hopen im Süden, deren einsame Radiostation wir unter großem Hallo mit frischen Früchten, Bier und Wein versorgten. Ein zoologisches Highlight bot die Bäreninsel mit ihren Tausenden von Seevögeln. Nach mehrmaligen Spitzbergen-Besuchen mit verschiedenen Schiffen wie der »MS Berlin« erhielt ich dann eine Einladung nach Franz-Joseph-Land. Norden-Tours in Hamburg schickte 2004 eine Reisegruppe auf die »Kapitan Dranitsyn« von Kirkenes in die Hocharktis. Eine wirklich seltene Gelegenheit, diesen russischen Archipel überhaupt besuchen zu dürfen. 2008 fuhr die »MS Polaris« dorthin, ein Schiff, das wir noch als »MS Viking Polaris« und davor als »MS Brand Polaris« kannten, als sie ihre ersten Jahre in Westgrönland unterwegs war. Norden-Tours charterte dann ab Sommer 2004 die »MS Disko II«, eine ehemalige grönländische Küstenfähre, zu deren Stammbesatzung ich drei Sommer lang gehörte. 2007 hatten wir dann das Vergnügen, die neue »MS Fram« von Hurtigruten auf ihren ersten Reisen nach Westgrönland zu begleiten. Am 30. August erreichten wir bei 78°49,5' die Eisgrenze in der Nares-Straße zwischen Grönland und dem kanadischen Ellesmere. Ihre Eistaufe erhielt die »Fram« dort durch Kapitän Rune Andreassen, der ihren Bug zart, aber deutlich in dieses Eis rammte.

Schon 19 Reisen haben mich nun nach Grönland geführt. In den wenigen, relativ kleinen Siedlungen trifft man immer wieder auf dieselben Leute. Familiär geht es auf der größten Insel der Welt zu, die nur 57 000 Einwohner zählt. So sind der Japaner Ikou Oshima und seine grönländische Frau gerne auf einen Schwatz aus. Stolz zeigt er die volle Tiefkühltruhe und die neuen Felle im Schuppen unter seinem grünen Haus oder erzählt betrübt, dass der Smith Sound diesen Winter (2006/07) nicht zugefroren ist, was die Jagd sehr erschwert hat. Der Klimawandel wirkt sich schon heute auf das Leben der Jäger und Fischer aus. Sogar den Premierminister Hans Enoksen lernte ich am Nationalfeiertag am 21. Juni in seinem 70 Einwohner zählenden Geburtsort Ittileq kennen, wo er von seinen Verwandten zur Essensvorbereitung eingeteilt war. Kein Sicherheitsteam, ein Premier zum Anfassen. Beim Durchstreifen der Siedlungen

lädt man mich zum *Kaffemik*. In der guten Stube erfahre ich vom Eisfischen im Winter oder die Neuigkeiten im Dorf. Grönland ist spannend, immer wieder kommen neue Eindrücke hinzu, eine Insel im Wandel, eine Insel im Umbruch. So berichtet Bo Albrechtsen, der Museumsdirektor von Upernavik, dass in den nördlichen Siedlungen derzeit wenig in Infrastruktur investiert wird. Wer weiß schon, ob in zehn Jahren diese Siedlungen noch bewohnt sein werden. Bleiben die Rohstoffpreise auf dem Weltmarkt hoch, beginnen sich Explorationen in oder vor Grönlands Küste zu lohnen. Der Schritt zur Selbstständigkeit und völligen Unabhängigkeit von Dänemark ist nicht mehr weit, was große Veränderungen für die Menschen mit sich bringen wird. So freuen wir uns jedes Jahr darauf, wieder Neues von alten Freunden zu hören.

Alle diese Expeditionsreisen sind außerordentlich erlebnisreich gewesen, wir möchten keine missen. Das Wetter war meist viel besser als sein Ruf, nur die Anreise ist oft genauso mühsam wie in die Antarktis, weil hier kaum noch Flugpläne aufeinander abgestimmt sind und kurze Witterungsunbilden oft alles durcheinanderbringen können. Man lernt sehr schnell wieder, dass Reisen oft Warten bedeutet und die Natur im hohen Norden wie im tiefen Süden ihre eigenen Regeln hat.

Linke Seite oben: Heute fangen nur noch 3000 Lofotfischer von Januar bis April Dorsche. Diese werden an den typischen Gestellen aufgehängt und luftgetrocknet – eine der ältesten Konservierungsmethoden.
Linke Seite unten: Hildur begrüßt uns in ihrer farbenfrohen norwegischen Tracht auf ihrem Hof am Brønnøysund.
Oben: Eisberge in der westgrönländischen Diskobucht.

Während das Schiff langsam durch den Holandsfjord gleitet, nähern wir uns dem Saltfjelet-Svartisen-Nationalpark. Er wurde 1989 eingerichtet, um diese einmalige Natur zu schützen und den Tourismus in Nord-Norwegen anzukurbeln. Bei Sonnenschein wirkt sogar die Landschaft nördlich des Polarkreises lieblich.

Der zerklüftete Engerbreen ist eine Gletscherzunge des Svartisen, mit 369 Quadratkilometern das größte Gletscherfeld in Nordskandinavien. Durch die Klimaerwärmung schmilzt er immer schneller. Die Lichtreflexion an den Schwebeteilchen im Gletschersee bedingt die typische Türkisfärbug.

Der Trollfjord, der in die Lofotinsel Austvågøy hineingreift, ist nur 100 Meter breit und zwei Kilometer lang.

Oben: Die Navigation im Trollfjord erfordert höchste Konzentration von jedem Kapitän. Zu beiden Seiten ragen die nahezu vegetationslosen Bergwände steil auf.
Links: Die Lofoten bestehen aus bizarren Felsformationen aus Granit und vulkanischem Gestein, die sich bis zu 1000 Metern aus dem Meer recken.

Links: Die 38 000 Einwohner von Ålesund leben auf drei Schäreninseln, die durch Brücken miteinander verbunden sind. Die Stadt ist das Zentrum der Herings- und Dorschfischerei in Norwegen.
Unten links: Von der Aussichtsplattform des 420 Meter hohen Storsteinen bietet sich ein Panoramablick auf Tromsø, das auch schon im 19. Jahrhundert Ausgangspunkt für zahlreiche Polarexpeditionen in die Arktis und in die Antarktis war.
Unten: Seit 1996 darf sich Hammerfest stolz »die nördlichste Stadt der Welt« nennen.

Oben: Am Nordkap scheiden sich die Geister. Für manche ist es nur ein öder, grauer Schieferfelsen auf 71,1 Grad nördlicher Breite. Für andere dagegen hat das 307 Meter hohe Felsplateau eine magische Anziehungskraft.
Rechte Seite: Der nördliche Teil der Varanger-Halbinsel zählt schon zur Arktis. Hier herrscht weite Tundralandschaft mit den typischen Dauerfrostböden vor. Über dem Varangerfjord blickt man schon nach Russland auf die Kola-Halbinsel.

Nachdem es den ganzen Tag Bindfäden geregnet hat, lässt ein Lichtstrahl das Meer vor der Varanger-Halbinsel fünf Minuten erstrahlen.

Die Varanger-Halbinsel liegt auf gleicher Höhe wie Point Barrow in Nordalaska. Der Golfstrom jedoch sorgt hier für ein mildes Klima. Im Winter sind die Häfen eisfrei. Im Sommer steigen die Temperaturen bis auf 30 Grad an.

In der Finnmarksvidda erstrecken sich endlose Kahlfjellflächen wie das Ifordfjell, hier südlich der Nordkinn-Halbinsel am Tanafjord. Bis Ende Juni bleibt der Schnee liegen. Die Baumgrenze beginnt schon bei 300 Metern über dem Meeresspiegel.

Hier am Tanafjord hängen von April bis in den Sommer hinein je zwei ausgenommene Dorschkörper zusammengebunden auf den Trockengestellen. Seit den Zeiten der Hanse (13.–14. Jahrhundert) wird dieser Fisch bis heute als Fastenspeise in katholische Mittelmeerländer verkauft.

Linke Seite oben: Der gänsegroße Basstölpel brütet in Kolonien an Norwegens Steilküsten. Noch nicht geschlechtsreife Vögel sind schwarz-braun bis weiß gescheckt. Je älter sie werden, desto heller wird das Gefieder. Mit fünf Jahren ist es bis auf die schwarzen Flügelspitzen weiß gefärbt.

Linke Seite unten: Dreizehenmöwen brüten auf schmalen Felssimsen und ziehen in der Regel zwei Junge groß. Sie sind am gelben Schnabel und dem roten Ring um die Augen zu erkennen. Die Kopulation findet auf den winzigen Nestern statt.

Links: Vom Klippenrand beobachten wir die Aktivitäten in der Seevogelkolonie von Store Ekkeroy auf der Varanger-Halbinsel.

Unten: Während der Brutzeit im Sommer ist in der Dreizehenmöwenkolonie immer was los. Die Partner lösen sich bei der Brut ab (unten Mitte). Bei 30 000 Paaren kommt es ständig zu lautstarken Streitereien untereinander.

MIT DEM AUTO IN DIE ARKTIS?

1984 waren wir erstmals mit unserem VW-Bus dort. Nach schier endlosen 3300 Kilometern Fahrt durch Schweden über die E 4 entlang des Bottnischen Meerbusens und über die Eismeerstraße am Torneälven durch Nordfinnland bei Sonne, Regen, Wind und Schnee war das Ziel in Nordost-Norwegen endlich erreicht: die Varanger-Halbinsel. Zusammen mit der westlich benachbarten Nordkinn-Halbinsel bildet dieses kleine Gebiet im äußersten Norden des europäischen Festlands einen Teil der Arktis mit allem, was dazugehört: Permafrostboden, weniger als 10 Grad Celsius Durchschnittstemperatur im Juli, eine baumlose Tundra unter der Mitternachtssonne. Und da will einer hin? O ja! Das Licht, die Stille und die grandiose Tier- und Pflanzenwelt lohnen den Besuch allemal.

Anfang Juni zieht hier das Frühjahr ein. Die Schneefelder schmelzen. Da der Sommer nur knapp drei Monate dauert, beginnt die Natur in den ersten langen Tagen regelrecht zu explodieren. Heute scheint die Tundra noch grau und trostlos, ein paar Tage später bildet sich ein einziges Blütenmeer. Man hört geradezu die Fjellbirken wachsen. Bei Windstille knistert es überall hörbar, wenn die jungen Blätter die braunen Hüllblätter aufsprengen.

Auch die Vögel müssen sich mit ihrem Nachwuchs beeilen: Anfang Juni sind die Dreizehenmöwen mitten in der Balz. Sie besetzen ihre napfförmigen Nester, die auf den schmalen Felssimsen von

Store Ekkeroy thronen. Erhöhte Stellen im Moor bieten Kampfläufern einen viel besuchten Balzplatz. Mit ungeheurer Aggressivität streiten manchmal bis zu 20 Männchen, die eine auffallend gefärbte Halskrause tragen, um die Weibchen. Überall fliegen vielerlei Vogelarten mit Nistmaterial. Seltene Greife wie Gerfalken und Steinadler oder Schnee-Eulen runden das Bild ab.

Der Arctic Ocean Highway führt von Varangerbotn direkt nach Norden zum Syltefjord, wo die nördlichste Kolonie der Basstölpel liegt. Arktis pur.

Linke Seite: Nach 3300 Kilometern sind wir endlich in der Tundra auf der Varanger-Halbinsel angekommen, genießen die Ruhe und lassen die Seele baumeln.
Rechts oben: Am breiten Tanafjord, zwischen Nordkinn- und Varanger-Halbinsel.

Eine faszinierende »Mondlandschaft«: die karge Moränenlandschaft aus Felsschutt auf der Varanger-Halbinsel Richtung Hamningberg.

DIE ARKTIS

Der Zauber des hohen Nordens

Und doch gibt es nur eine große Sache,
Die einzige: Leben.
In der Hütte, auf Reisen
Zu sehen, wie der große Tag heraufzieht
Und das Licht, das die Welt erfüllt.
(Altes Inuit-Gedicht)

Die Arktis, seit jeher von Mythen umrankt, das Land unter der Mitternachtssonne und der langen Polarnacht. Bei einer Reise in die Arktis bleibt das Schauspiel der Himmelsfarben unvergesslich. Im Sommer steht die Sonne selbst nachts hoch am Himmel und scheint gleißend grell. Die Eisberge reflektieren das harte Licht; blendend weiß strahlt der Schnee. Das Meerwasser glitzert und funkelt wie tausend Diamanten. Die Augen schmerzen, das Schlafen fällt schwer. Am 21. Juni scheint die Mitternachtssonne am Polarkreis für 24 Stunden. Nach Norden zu verlängert sich diese Zeit auf mehrere Monate. Erst wenn die Tage wieder kürzer werden, zeichnet das sanftere Abendlicht weichere Landschaftsstrukturen. Die Eisberge zeigen sich in Pinkrosa bis hin zu blauvioletten Pastelltönen. Das Auge kann ausruhen. An anderen Abenden glüht der Himmel kräftig orange bis dunkelrot. Nach Sonnen-

Rechts: Die typische arktische Tundra, eine weite Landschaft mit niedriger Vegetation und vielen Felsblöcken.
Rechte Seite oben links: Kegelrobben bewohnen den Nordatlantik zwischen Helgoland und Nord-Norwegen. **Mitte:** Grönländisches Mädchen. **Rechts:** Die Frühlings-Kühchenschelle entfaltet ihre zarten Blüten, sobald der Schnee geschmolzen ist.

untergang wechselt der Farbton bis ins Tiefviolett. Minütlich ändert sich die Beleuchtung, alle stehen ergriffen an der Reling, die Kameras klicken, denn solche Sonnenuntergänge sind ein einzigartiges Erlebnis.

Ende August besteht schon die Chance, in klaren Nächten das weiße bis gelbe oder das rötliche bis grüne Vorbeihuschen der Polarlichter zu beobachten. Die Lichtbögen der *Aurora borealis* wirken geheimnisvoll, unwirklich – faszinierend. Wie Geisterwesen tanzen sie am Firmament. Wenn man dies miterlebt, versteht man, warum die Inuit, das Naturvolk der Arktis, an Götter, Geister und Schamanen glaubten und selbst heute noch – trotz der Christianisierung – der Geisterwelt nicht völlig abgeschworen haben.

Neben den Lichtstimmungen wird man von der Eiswelt schier verzaubert. Gewaltige, zerklüftete Gletscherzungen strömen aus dem Inland und kalben in Buchten und Fjorde. Schmelzwasser ergießt sich reißend durch große Gletschertore. Eisige Bruchstücke und bizarre Eisberge säumen den Weg. Perlmuttweiß, hellblau und türkis driften kristalline Kathedralen, Paläste und Burgen vorbei. Unsere Bugwelle bringt manche Scholle ins Schaukeln oder klatscht in die Brandungskehle eines Eisberges. Man hört es knistern und krachen. Eisblöcke unterschiedlicher Größe brechen herab. Wir atmen die klare, sauerstoffgetränkte Luft; Sauerstoff, der Jahrtausende im Eis eingeschlossen war und beim Schmelzen wieder frei wird.

Je weiter unser Schiff nach Norden vordringt, desto dichter wird in manchen Jahren die Eisbedeckung. Eine weite Einsamkeit, Stille überall, vereinzelt ruht eine Robbe auf einer Scholle und verfolgt uns neugierig

mit ihrem Blick. Tagsüber schmilzt das Eis. Kleine Wasserfälle ergießen sich aus den Eisbergen. Abends wird es meist empfindlich kalt. Die Temperatur kann unter null Grad Celsius sinken. Zitternd vor Kälte stehen wir dick vermummt an der Reling und staunen über die Natur. Das Wasser gefriert wieder zu bizarren Eiszapfen, simples Wasser kristallisiert zu einer eisigen Pracht.

Ein Erlebnis hat mich in dieser Welt aus Eis und Schnee besonders berührt. Ich stand am Ufer des berühmten Eisfjords bei Ilulissat in Grönland, wo einer der produktivsten Gletscher der Nordhemisphäre kalbt. Plötzlich hörte ich ein minutenlanges ohrenbetäubendes, bedrohliches Donnern und Rumpeln. Die Atmosphäre wirkte gespenstisch und beängstigend. Kein Vogelgezwitscher war mehr zu hören, nur ein Grollen, Poltern, Knallen und Krachen. Ein Eiskoloss gewaltigen

Oben: In den langen Polarnächten zaubert das Nordlicht, die *Aurora borealis*, tanzende Schleier aus Sonnenwind auf das Himmelsfirmament.
Links: Wenn es abends wieder kälter wird, gefriert das tagsüber getaute und tropfende Wasser zu Eiszapfen.

Ausmaße pendelte hin und her. Immer stärker wurde die Bewegung. Die Flutwelle brachte nun auch benachbarte Eisberge in Schwingung. Durch Spannungen und Schwerkräfte brachen an verschiedenen Stellen Eisbrocken und Eisüberhänge ab. Alles bewegte sich, Schneestaub stieg in den Himmel und bildete eine Wolke wie bei Lawinenabgängen. Würde sich der Eisberg drehen? Und welche Auswirkungen hätte dieses Ereignis auf die umliegenden Eisberge? Erst allmählich gewann er sein Gleichgewicht zurück und alles beruhigte sich zusehends. Vor Anspannung hatte ich den Atem angehalten. Dieses Naturschauspiel führte mir eindringlich vor Augen, welche gewaltigen Kräfte hier herrschen und warum man mit Booten viel Sicherheitsabstand halten muss. Erst allmählich beruhigte sich mein Puls.

DIE ARKTIS HAT ZAHLREICHE FACETTEN

Die Arktis ist ein riesiges Gebiet, das zirkumpolar von Nunavut über Grönland, Spitzbergen, Franz-Joseph-Land, Nowaja Semlja, Sewernaja Semlja, die Neusibirischen Inseln und die Wrangel-Insel bis zu den nörd-

lichen Küstengebieten von Eurasien und Alaska reicht. Hinzu kommt der arktische Ozean, das Nordpolarmeer, im Kerngebiet mit drei bis vier Meter dickem Meereis ganzjährig bedeckt und nahezu vollständig von Landmassen umgeben. Das Eis des Nordpolarmeeres ist ständig in Bewegung, getrieben von Meeresströmungen und Wind. Die südlichen Eisgrenzen dehnen sich im jahreszeitlichen Rhythmus im Winter bis an die umgebenden Landmassen aus oder schmelzen im Sommer wieder ab und geben eine mögliche Nordost- oder Nordwestpassage frei (siehe S. 146). Ab Oktober verdoppelt sich die Meereisfläche bis Februar/März. Das warme Wasser des Golfstroms bewirkt die exzentrische Lage der Eisdecke im Nordpolarbecken. In Europa sind die nordischen Häfen Hammerfest, Vadsø und Murmansk auf 70 Grad nördlicher Breite im Winter meist eisfrei, während die Hudson Bay im subarktischen, schneereichen Kanada bis 52 Grad nördlicher Breite zugefroren ist, eine Breitenlage, auf der sich Rotterdam oder Bielefeld mit milden, regnerischen Wintern befinden.

Viele Menschen verbinden mit der Arktis nur Schnee, Eis, Kälte, leblose Einöde und grenzenlose Einsamkeit. Manches Klischee stimmt, andere Vorstellungen sind falsch: Die Arktis ist im Winter eine faszinierende, vor Kälte klirrende Eiswelt, keineswegs leblos, sondern das Reich der Eisbären, Moschusochsen, Karibus oder Rentiere, Robben und Polarfüchse. Im

Linke Seite oben: Eine typische Schwemmebene in Zentralalaska: Ohne Geröll können sich die Flüsse nicht eintiefen.
Linke Seite unten: Spielplatz für die vielen Kinder in Ukkusissat, Grönland.
Oben: Unser Wanderzelt in der Tundra.

Sommer werden aber auch weite Gebiete eisfrei, hier blüht eine vielfältige Tundravegetation. Rote, orange, gelbe oder violette Farbtupfer leuchten zwischen Fels und Geröll oder auf braunen Gras- und Heideblüten. Schnee- und Spornammern ernähren sich von den Sämereien und ziehen ihre Jungen groß.

Die arktische Landschaft ist eine Wildnis, das Klima polar. Es gibt nur zwei Jahreszeiten: kurze Sommer von wenigen Wochen Dauer und lange, kalte Winter. Frühling und Herbst dauern oft nur ein paar Tage. Selbst im wärmsten Monat Juli steigt die Durchschnittstemperatur nicht über 10 Grad Celsius, obwohl die Mitternachtssonne bei Windstille die Temperatur auch auf 15 bis 30 Grad Celsius klettern lässt. Kälteste Stadt der Welt ist Werchojansk am Ufer der Jana in Jakutien. Obwohl sie 2414 Kilometer südlich vom Nordpol liegt, bilden sich auf der Hochebene mitten in Sibirien, umgeben von den über 2300 Meter hohen Gebirgen von Werchojansk und Tschersk, Kaltluftseen. Am 15. Januar 1885 fiel das Thermometer auf minus 68 Grad Celsius, 1996 trotz globaler Klimaerwärmung auf minus 65 Grad Celsius. Im Sommer heizt sich Werchojansk bis über plus 40 Grad Celsius auf, sodass der Jahres-Temperaturunterschied gut 100 Grad Celsius betragen kann.

Typisch für die Arktis ist die Tundra, ein »baumloser« Vegetationstyp auf Dauerfrostboden. Nur die obersten Bodendezimeter tauen im Sommer auf. Da der Dauerfrost unter den dicken Torfschichten die Entwässerung verhindert, bilden sich im Sommer aus dem Schmelzwasser flache Seen und Sümpfe. Diese stehenden Gewässer sind für die Entwicklung der Myriaden von Stechmücken ideal. Die arktischen Bäume, Polarweiden und Zwergbirken, gedeihen nur kriechend auf dem Boden und wachsen sehr langsam. Die Sommerzeit ist zu kurz, um Stamm und Krone auszubilden. Auch die Blütenpflanzen sind klein. Dennoch ist man überrascht über die bunte Artenvielfalt – ein großer Unterschied zur Antarktis, wo nur zwei unscheinbare, winzige Pflanzen blühen. Immerhin zählt man in Grönland 529 Blütenpflanzen, auf Spitzbergen 164 und auf Franz-Joseph-Land noch 54 Arten. Dazu kommen viele Moose und Flechten. Nicht nur die Pflanzen, auch die Eisbären, Polarfüchse und Walrosse mussten sich

an die extremen Bedingungen anpassen (siehe S. 58). Die kanadische Arktis, Grönland und Sibirien waren schon prähistorisch von den Inuit bewohnt, andere Gebiete sind wie Spitzbergen vor ungefähr 400 Jahren oder Franz-Joseph-Land erst vor etwa 130 Jahren von Europäern entdeckt worden. Deren Einfluss auf die arktische Tierwelt war gravierend. So kamen Ende des 16. Jahrhunderts die Walfänger erst nach Spitzbergen, im 17. Jahrhundert nach Grönland. Die Pelztierjäger löschten den Zobel in Nordsibirien fast aus. Dagegen werden heute die Bodenschätze in der Arktis immer wertvoller. Moderne Techniken und hohe Weltmarktpreise lassen immer mehr Explorationsfirmen bis in die tiefe Wildnis vordringen, um Öl, Gold, Kupfer oder Diamanten aufzuspüren (siehe S. 64). Seit 2009 profitieren nicht nur internationale Konzerne, sondern auch die kanadischen Inuit und die Grönländer selbst von den Einnahmen durch diese Bodenschätze.

DIE MENSCHEN DES HOHEN NORDENS

Diese unwirtliche Arktis ist schon seit Jahrtausenden in weiten Teilen dünn besiedelt; in der Antarktis dagegen lebte nie ein Mensch. Die Inuit entwickelten eine einzigartige Kultur und bereicherten mit ihr die Arktis. Europäer wussten deren Weltanschauung nicht zu würdigen, unterschätzten ihr großes Wissen und ihr phänomenales visuelles Gedächtnis. Zeit und Pünktlichkeit galten für die Inuit nicht. Sie unterwarfen sich dem Rhythmus der natürlichen Bedingungen, der Witterung und der Jahreszeiten. Sie schliefen, wenn sie müde

Linke Seite oben: Der Kragen der grönländischen Nationaltracht mit bis zu 30 000 kleinen bunten Glasperlen wiegt drei bis vier Kilogramm.
Linke Seite unten: Die Trommeltänze der Grönländer erfahren wieder eine Renaissance.
Oben: Der seit alters genutzte hochseetüchtige Kajak kann auch mit moderner Computersimulation nicht perfekter nachgebaut werden.

waren, egal ob bei Tag oder Nacht, aßen, wenn sie hungrig waren, und jagten, bis sie Beute machten. Der große Sohn Grönlands, Knud Rasmussen (1879–1933) unternahm sieben Polarexpeditionen. Seine fünfte (1921–1924) führte ihn auch nach Kanada und Nordost-Sibirien. Als Ethnologe studierte er die einzelnen Stämme. Auf 1000 Tagebuchseiten beschrieb er, dass alle Inuit sprachlich und kulturell miteinander sehr nah verwandt sein müssen.

EINST KAMEN DIE INUIT AUS ASIEN

Paläoarchäologen vermuten, dass die Inuit von arktisch-mongolischen Vorfahren abstammen. Vor etwa 8000 Jahren überquerten einzelne Sippen mit ihren Fellbooten die schmale Beringstraße, um in Familienverbänden als Nomaden ihrer Hauptjagdbeute – Moschusochsen und Karibus – zu folgen. Über die Jahrtausende hinweg besiedelten sie in mehreren Einwanderungswellen Alaska, Nordkanada und schließlich Grönland. Die Menschen der Thule-Kultur, die ab ca. 900 n. Chr. die Dorset-Kultur verdrängten und/oder absorbierten, sind die direkten Vorfahren der heutigen Inuit. Grönlandwale, Narwale, Belugas und Walrosse kamen weit im Norden vor, und so verbreiteten sich die schätzungsweise 5000 Thule-Menschen in nur zwei bis drei Generationen von Nordalaska bis Nordgrönland. Sie waren großartige Jäger, die nicht nur Landsäuger erlegten, sondern sich auch die Meeresressourcen erschlossen. Die Männer waren im Kajak unterwegs, dem perfekten, hochseetüchtigen, mit Robbenhaut bespannten Einmannboot. Es war so leicht, dass es auch stundenlang über Eis getragen werden konnte, bis wieder offenes Wasser erreicht wurde. Frauen, Kinder und Alte nahmen das größere Umiak, um von Wohnort zu Wohnort zu ziehen. Die Thule-Menschen besaßen schon eine ausgefeilte Harpunen-Technik. Außerdem entwickelten sie die Hundeschlitten und wurden erstmals sesshaft. Jede Familie hatte an der Küste ein festes Winterhaus, einen erdvertieften Raum mit einer Dachkonstruktion aus Walrippen, die mit Robbenhäuten bespannt waren. Im Sommer nahmen sie aus hygienischen Gründen zur Belüftung das Dach ab, während sie mit Zelten durch die Tundra zogen und mit Pfeil und Bogen Karibus, Rentiere, Moschusochsen oder Polarfüchse jagten oder Fallen stellten. Im Winter verharrten sie bei minus 40 Grad Celsius oft stundenlang in vornübergebeugter Haltung mit stoßbereiter Harpune über einem Agloo, dem Atemloch der Robbe. Sobald diese zum Atmen den Kopf herausstreckte, versuchte der Jäger sie mit einer einzigen kraftvollen Bewegung zu töten.

Alle Inuitgruppen perfektionierten über Generationen hinweg ihre an die Kälte angepasste Jagdtechnik. Denn Ackerbau kannte man in der Arktis nicht. Die Menschen verfügten über manuelle Geschicklichkeit, ein großes technisches Verständnis und viel Improvisationstalent. Unverzichtbar für ein autarkes Überleben in der Arktis waren Robben und Karibus. Die Robben lieferten Nahrung für Mensch und Schlittenhund. Ihre strapazierfähigen Häute wurden zu Zelten, Kajakbespannungen und Stiefeln, den Kamikken, verarbeitet. Aus dem Speck gewannen sie Tran für ihre halbmondförmigen Steinlampen, die der Beleuchtung und der Wärme dienten. Auch die Karibus oder Rentiere boten nicht nur Nahrung; aus ihren Knochen, Hufen und Geweihen wurden Werk- und Spielzeuge sowie Waffen fabriziert. Aus den Fellen nähten die Frauen die ideale Kleidung für das arktische Klima. Es war ein hartes Leben mit wiederkehrenden Hungersnöten.

Als sich ihre Beutetiere während der Kleinen Eiszeit zwischen 1650 und 1850 n. Chr. nach Süden in die Subarktis zurückzogen, blieben einzig die Polarinuit in Nordwestgrönland zurück. Andere verließen die Inseln der Hocharktis, folgten den Tieren nach Süden oder starben aus. So bildeten sich bei den verschiedenen Inuitgruppen unterschiedliche Traditionen aus: Die Polarinuit waren die nördlichste und isolierteste Gruppe. Sie wohnten an der wildreichen Melville-Bucht, rings von Eis eingeschlossen, und ernährten sich von Seehunden, Ringelrobben, Narwalen und Fisch. Im Juni zogen sie in ihrer Eisbärenfellkleidung mit dem Schlitten nach Siorapaluk, um Eier zu sammeln und mit langstieligen Netzen Krabbentaucher aus der Luft vor

Linke Seite: Kamikken, Kunstwerke arktischer Schuhmacher, werden zum Bleichen an die Luft gehängt.
Oben: Felle werden zum Trocknen in Holzrahmen gespannt.
Links: In Nordwestgrönland wäscht man im Servicehaus.

ihren Brutkolonien zu fangen. An guten Tagen töteten sie 300 bis 600 Vögel, um sie für den Winter einzulagern – bis heute eine beliebte Spezialität. Sie stopften den ungerupften Krabbentaucher in eine Robbenspeckhaut und ließen in einem Steinlager das Fleisch fermentieren, also reifen wie Käse. Das Ergebnis kann man geschmacklich mit Gorgonzola vergleichen. Die Zentralinuit auf Baffin lebten hauptsächlich von Seehund und Karibu; in Westgrönland dagegen von Ringelrobben, Walen und Rentieren. Die MacKenzie-Inuit bezeichnete man auch als Beluga-Jäger. Bis Mitte des 18. Jahrhunderts war das MacKenzie-Delta sehr wildreich. Grönlandwale verbrachten den Sommer in der flachen Beaufort-See. Doch die wichtigste Beute waren die Belugas, die im späten Juni für sechs bis sieben Wochen in großen Scharen vor das Delta zogen. Die Labradorinuit siedelten bis zur St.Lawrence-Golfküste in der Subarktis lebten also am südlichsten. Sie ernährten sich überwiegend vom Kabeljau, der so zahlreich war, dass der Seefahrer John Cabot 1497 berichtete, man könne ihn ohne Netze fangen.

Alle lebten über Jahrtausende als Selbstversorger im Einklang mit der Natur. Kontakte mit der Außenwelt waren minimal. Dieses alte Gleichgewicht wurde mit den europäischen Walfängern, Fischern oder Pelzhändlern, die ab dem 17. Jahrhundert immer weiter in die Arktis vordrangen, zerstört. Es folgten die Missionare. In den 1950er Jahren (während des Kalten Krieges) installierten die Amerikaner von Alaska bis Grönland ihre Frühwarnsysteme, teilweise verdrängten sie die Inuit aus deren angestammten Gebieten (vgl.Kap. 3, S. 79). In den 1960er Jahren versuchten dänische und kanadische Regierungen die Inuit in die westliche Welt zu integrieren. In Kanada trennte man sogar die Kinder von den Eltern. Man glaubte, den Jugendlichen durch eine westliche Erziehung in Kinderheimen eine bessere Zukunft zu sichern. Doch der radikale Gesellschaftsumbau erzeugte nur eine verlorene Generation.

Diese Geschichte der sozialen Veränderungen und der Ausbeutung wiederholte sich in derselben fatalen Reihenfolge überall in der Arktis.

Oben: Zur Nationaltracht der Frauen gehören die ältesten Hotpants der Welt. Nehmen die Frauen zu, wird die Hose seitlich mit einem zusätzlichen Fellstreifen erweitert.
Rechte Seite oben: In der Arktis liegt viel Gerümpel ums Haus herum.
Rechte Seite unten: Niaqornat, ein isolierter Außenposten von grönländischen Eisbärenjägern.

Abendstimmungen über dem Nordpolarmeer. Eisberge driften im Meer. In einer solchen großartigen einsamen, weiten Natur fühlt sich der Mensch ganz klein.

Oben: Eisberge so hoch wie Kathedralen. Man sieht jedoch buchstäblich nur ihre Spitze. Vier Fünftel ihrer Höhe und sieben Achtel ihres Volumens befinden sich unter Wasser.
Rechts: Dieser Eisberg vor Kap York ist in der Mitte durchgebrochen. Das Farbenspiel von Weiß, Hell- bis Dunkelblau tritt besonders gut bei trübem Wetter hervor.

Die Frühjahrssonne legt die Schmelzwasserflüsse frei. Wanderungen sind dann lebensgefährlich.

Oben: Die weite Landschaft auf der Nordkinn-Halbinsel.
Links: Typische Fjellvegetation mit niedrigen Bäumen, Sträuchern, Moosen und Flechten. Im Herbst sind die Fruchtkörper der Pilze größer als die Polarbirken.

1

2

3

4

5

6

Linke Seite: **1** Silberwurz oder Dryas. **2** Läusekraut, ein Halbschmarotzer. **3** Polster von Rotem Steinbrech. **4** Karlszepter. **5** Kriechende Polarbirke, rechts die nadelförmigen Blätter der Schwarzen Krähenbeere. **6** Polarweide, herbstlich gefärbt.

Oben: Keine anderen Seevögel tolerieren eine so große Nähe zum nächsten Nachbarn wie die Lummen. Sie bauen kein Nest, sondern bebrüten ihr einziges Ei auf den Schwimmhäuten.

NUR DIE KÄLTESPEZIALISTEN ÜBERLEBEN

Die Lebensbedingungen in der Arktis sind dort überall so ähnlich, dass viele Tier- und Pflanzenarten wie Eisbär oder Silberwurz zirkumpolar verbreitet sind. Vielfältige Anpassungen waren für das Überleben in der unwirtlichen Natur nötig. Einige Tierarten weichen dem extremen Winter aus und wandern wie die Karibus im Herbst in die mildere Subarktis. Die meisten Vögel fliegen nach der Brutzeit in den Süden. Überwinternde Tiere entwickelten unterschiedliche Überlebensstrategien. Mäuse, Lemminge oder Alpenschneehühner überwintern unter der Schneedecke und ernähren sich aus den angelegten Vorratslagern oder von Pflanzen. Dagegen wandern Eisbären und Polarfüchse auf der Suche nach Nahrung weite Strecken übers Eis. Ein dichtes Fell, behaarte Füße und eine dicke Speckschicht reduzieren den Wärmeverlust. Der Eisbär hat sogar behaarte Fußsohlen. Moschusochsen wandern in Gruppen durch die Tundra und drängen sich bei Kälte zusammen. Für Säugetiere lässt der lange Winter energetisch keinen kompletten Winterschlaf zu. Insekten und Spinnen dagegen halten Winterruhe, drosseln ihren Stoffwechsel oder überleben als widerstandsfähige Eier oder Puppen.

Sobald der Schnee schmilzt, entfalten die Pflanzen im kurzen Sommer so-

fort ihre Blüten. Um sich gegen Kälte und Wind zu schützen, wachsen viele Arten in Polstern, andere haben ledrige und stark behaarte Blätter ausgebildet. Die Vögel gelten als schnelle Brüter, innerhalb von sechs Wochen ziehen sie ihre Brut durch und dann geht es wieder ab in den Süden. Ein Schneeeinbruch im Sommer kann daher eine ganze Jungvogelgeneration oder auch alle Karibukälber vernichten. Bestandsschwankungen oder -zyklen sind typisch für die Arktis. So gibt es alle paar Jahre viele Lemminge, die wiederum hohe Bruterfolge bei Schnee-Eulen bewirken. Wegen des großen Nahrungsangebotes brüten auch mehr Paare. Sobald die Lemmingpopulation zusammenbricht, sinkt die Brutbereitschaft der Schnee-Eulen wieder stark ab.

Linke Seite: Eine Eisbärin mit zwei Jungen. Bei der Geburt wiegen sie nur 500 Gramm. Sie werden ein Jahr lang mit sehr fetthaltiger Milch gesäugt, damit sie eine dicke Unterhaut-Fettschicht ausbilden. Mit zweieinhalb Jahren sind sie selbstständig. Bis dahin lernen sie alles Wichtige für ihr Überleben, zum Beispiel Anpirschen und Jagen. Männchen sind mit fünf Jahren, Weibchen mit vier Jahren geschlechtsreif.

Oben: **1** Skua. **2** Polarfuchs. **3** Moorschneehuhn. **4** Schnee-Eule.

Bei den Rentieren tragen Weibchen wie Männchen ein Geweih. Sie ziehen über die Tundra und ernähren sich im Sommer von frischen Kräutern, Blättern und Pilzen.
Ihre Hauptnahrung im Winter sind Rentierflechten. Mit ihren Hufen scharren sie den Schnee weg, um an die Flechten zu gelangen. Diese decken zwar den Energiebedarf. Doch der Eiweiß-, Fett-, Mineralien- und Vitamingehalt ist geringer als bei ihrer Sommernahrung, daher verlieren sie mindestens 20 Prozent ihres Herbstgewichts.

Moschusochsen sind stämmige und untersetzte Tiere mit einem zottigen Haarkleid. Sie wiegen etwa 300 Kilogramm und haben eine Schulterhöhe von 1,45 Metern. Genetische Tests haben ergeben, dass sie näher mit Schafen als mit Rindern verwandt sind. Das doppellagige Fell aus langen Grannenhaaren über einer dicken Schicht isolierender, grauer Wolle schützt sie vor der Kälte. Sie trotzen so den schlimmsten Schneestürmen. Im Mittsommer verlieren sie ihre graue Unterwolle, die zu Pullovern oder Handschuhen verarbeitet werden kann.

Links: Eine Papageitaucherkolonie. Die Brutgebiete der Papageitaucher liegen überwiegend in den borealen und subarktischen Gewässern. Aber ein Prozent des Weltbestands brütet in der Arktis. Abends kehren die Papageitaucher von der Nahrungssuche zurück und versammeln sich am Kolonierand, bevor sie zum Füttern der Jungen in ihren Höhlen verschwinden.
Ganz oben: Zur Brutzeit trägt der Papageitaucher gelbe Hornplatten am Schnabel und auffällige Augenornamente. Im Winterkleid wirken Gesicht und Schnabel grauweiß bis schwarz.
Oben: Der anpassungsfähige Kolkrabe ist auf der gesamten nördlichen Halbkugel heimisch, selbst in der Arktis. Er ernährt sich von Aas, Jungvögeln und Insekten.

EXPLORATION IN DER ARKTIS

Bis heute ist jede Erschließung der arktischen Wildnis ein harter Kampf gegen das extreme Klima. Steigende Rohstoffpreise machen die Exploration von Bodenschätzen in Nunavut, Grönland und

Sibirien immer attraktiver. So vergab Grönland 2005 Ölbohrkonzessionen vor Nuuk und der Diskobucht. In der alten Mine Maarmorilik prüft man, ob sich durch die verbesserte Technik ein erneuter Abbau von Zink lohnt.

Nach dem Erdölfund 1968 an der Eismeerküste in Alaska verwandelte sich die unendliche Weite der Tundra in den Folgejahren in eine Großbaustelle. Da man das Öl im Winter nicht mit Tankern aus dem Eismeer transportieren konnte, baute man die 1288 Kilometer lange Alyeska-Pipeline von der Prudhoe Bay bis Valdez, dem eisfreien Hafen im Prince William Sound. Schon vor der Baugenehmigung lagen multinationale Konzerne im Widerstreit mit dem Naturschutz. Die Ölkrise von 1973 zerstreute jedoch alle Bedenken. Im Norden wurde die Pipeline teilweise im Untergrund verlegt, um die Wanderung der Karibus nicht zu stark zu behindern. In weiten Teilen steht sie auf Stelzen, die jeweils ein eigenes Kühlsystem haben, damit sie den Permafrostboden nicht auftauen. Eine schnurgerade Führung wechselt mit bizarrem Zickzackkurs ab. Dadurch soll bei extremer Differenz zwischen tiefer Außentemperatur und dem warmen, fließenden Öl für ausreichende Dehn- und Streckbarkeit gesorgt werden, aber auch für die nötige Flexibilität bei Erdbeben.

Das Erdöl bedeutet für Alaska einen permanenten Wirtschaftsboom, schafft aber auch zahlreiche ökologische Probleme. So 1989: die Tankerkatastrophe der »Exxon Valdez«, als 45 Millionen Liter

Links: Die Alyeska-Pipeline führt endlose Kilometer durch die einsame Tundra Alaskas. **Oben:** Die Pipeline ist auf Stelzen mit Kühlern gebaut, damit sie den Permafrostboden nicht auftaut.

Rohöl in den Prince William Sound flossen und das Ökosystem nachhaltig schädigten; oder im Sommer 2006, als so viel Öl aus Rissen in der Pipeline auslief, dass sie auf Druck der Umweltverbände für mehrere Wochen abgestellt werden musste. Diese Gefahren drohen jetzt auch in Grönland.

Oben: Nördlich von Fairbanks sind nur noch die Profis zu den Ölfeldern am Eismeer unterwegs. **Links:** Immer noch ein Hauch von Abenteuer. Trucker auf ihren riesigen Sattelschleppern sind auf den einsamen Highways unterwegs, um den Nachschub für die Ölarbeiter in Prudhoe Bay zu gewährleisten und abgelegene Siedlungen zu versorgen.

Mit der »MS Disko II« durch das Eisklümpchen-Meer im Vaigat-Sund, dem Ausgang der Diskobucht.

FASZINATION GRÖNLAND

In großen Teilen der Arktis ist das Verkehrsnetz immer noch dürftig. Oft heißt es warten, besonders im Winter, aber an nebelverhangenen Küsten auch im Sommer. »Immaqa« oder »imaha« »vielleicht«, das ist die Inuit-Vokabel, die man als Erstes lernt. Vielleicht geht der Flieger, vielleicht auch nicht. »Immaqa« spiegelt die Grundhaltung der Inuit wider, denn sie mussten sich mit den Naturunbilden immer wieder arrangieren. Wenn es neblig ist, kann man eben nichts machen, das muss man aussitzen oder man riskiert sein Leben.

In Grönland, der größten Insel der Welt, lernt man die Einheimischen und ihre Kultur am besten an Bord eines Kreuzfahrtschiffes kennen. Bei Anlandungen stehen die Kinder zur Begrüßung am Strand, die Haare mit Gel gestylt, ihre T-Shirts bedruckt mit Namen ihrer Lieblings-Fußballstars. Bei einem Schulbesuch in Kullorsuaq zeigten mir neun Schülerinnen die gepressten Pflanzen aus ihrer Umgebung. Aufgeregt und mit großer Begeisterung ließen sie mich an ihrem Unterricht teilhaben. Beim Abschied begleiteten sie mich hüpfend und lachend bis zum Schlauchboot. Ein Mädchen streckte mir mangels eines Zettels ihre Hand entgegen, ich solle doch meine Adresse aus dem fernen Deutschland hineinschreiben. Diese Idee griffen die anderen

Rechts: Turmhohe Eisberge sind typisch für die Diskobucht. **Rechte Seite oben links:** Auf der Zodiactour zum Gletscher im Ewigkeitsfjord ist der Eindruck von der Gletscherfront viel gewaltiger als vom hohen Schiffsdeck. **Mitte:** Grönländische Schülerin. **Rechts:** Die grönländische Flagge symbolisiert die untergehende Sonne über dem Eis.

Mädchen sogleich auf. Lange winkten sie mir nach. Wehmütig und nachdenklich fuhr ich aufs Schiff zurück. Die Kinder sind so wach, so lebendig, so interessiert, aber was wird aus ihnen als Erwachsene in dieser schwierigen Umwelt? Welche Jobs bieten sich ihnen? Interessant ist auch die Einladung zum Kaffemik. Wie überall in der Arktis zieht man sich vor dem Haus die Schuhe aus. Da viele Erwachsene nur schlecht Englisch sprechen, verständigen wir uns mit Händen und Füßen. Stolz zeigen sie ihre Urkunden an der Wand, die den Eisbärenjäger oder den Gewinner des Kajakwettbewerbes auszeichnen. Zur Erinnerung fotografieren wir uns gegenseitig, trinken Kaffee und essen Kuchen in der picobello gewienerten Stube. Nach einer halben Stunde geht man wieder. Das hat Tradition, denn die Hütte ist klein, und so kann bei einer Feierlichkeit das ganze Dorf im Laufe des Tages gratulieren.

Wanderungen führen uns durch die farbenfrohe Tundra, auf der man wie auf einem hochflorigen Teppich läuft. Im Juli riecht der Lappland-Tee mit seinen kleinen nadelförmigen Blättern besonders aromatisch. Vom Schiff aus hat man großartige Ausblicke auf die Gletscher. Riesige Eisberge begleiten unsere Fahrt. Die scheuen Tiere bekommt man selten zu sehen, da sie seit Jahrtausenden bejagt werden. Mit Glück sieht man den Blas von Buckel- oder Finnwalen. Manchmal nähern sie sich neugierig oder spielen mit dem Schiff, indem sie immer wieder vor dem Bug kreuzen.

MIT KAJAK UND HUNDESCHLITTEN INS HIGHTECH-ZEITALTER

Die grönländischen Inuit trafen 985 n. Chr. auf die ersten Europäer, als sich Erik der Rote und seine Gefolgsleute in Südgrönland in Vester- und Osterbygd niedergelassen hatten. Erst im 14. Jahrhundert mit Beginn der Kleinen Eiszeit kehrten die Wikinger allmählich ins Land ihrer Vorväter zurück. Die Inuit blieben wieder für mehr als 200 Jahre isoliert.

Ab dem 17. Jahrhundert kamen jährlich im Sommer bis zu 10 000 Walfänger in die Diskobucht und begannen einen regen Handel mit den Inuit. Pelze und Elfenbein für Europa tauschten sie gegen Zucker, Tabak, Alkohol, Messer, Gewehre und Glasperlen für die Nationaltracht. In nicht einmal 70 Jahren gerieten die Inuit in Abhängigkeit von Europa. Handel und Geld begannen ihr Leben zu bestimmen. Masern-, Grippe- oder Tuberkulose-Epidemien löschten ganze Sippen aus. Die Grönländer wurden ein Mischvolk mit einem europäischen und einem asiatischen Erbe. Ab 1721 brachte der Däne Hans Egede den »heidnischen Wilden« nicht nur den protestantischen Glauben, sondern er verbesserte durch die Gründung von Siedlungen auch deren Lebensbedingungen. Die Kirchenglocke und die Butikglocke des Handelsladens wurden zu Symbolen der geistlichen und weltlichen Macht. Mit Egede gewann die dänische Krone immer mehr Einfluss in Grönland. 1782 erklärte Dänemark Grönland zu seiner Kronkolonie. Ab 1953 erhielt Grönland den Provinzstatus. Daraufhin ließ die Königlich Dänische Handelsgesellschaft Zentralorte mit Kindergarten, Schule und Krankenhaus nach westlichem Standard einrichten.

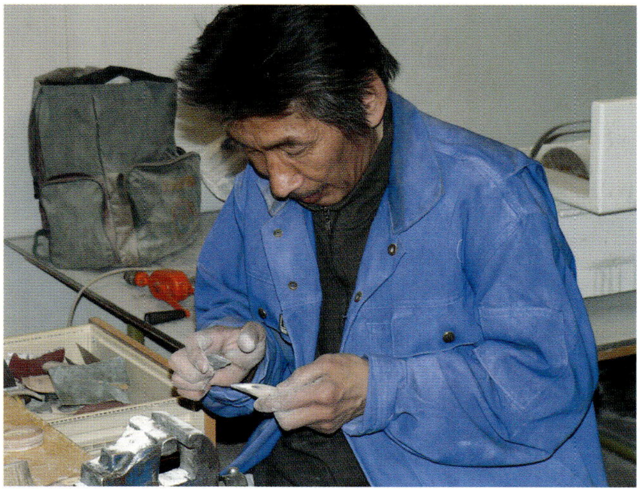

In den 1960er Jahren entstanden die großen Plattenbauten mit zum Teil über hundert modernen Zweizimmerwohnungen. Es gab fließend Wasser und eine Chemietoilette, alles war perfekt auf dem Reißbrett geplant. Doch die Menschen, die in der Weite der Natur und in festgefügten familiären Dorfstrukturen wohnten, fanden sich plötzlich in der Enge anonymer, großer Wohnblocks wieder. Oftmals waren die Familienverbände bei der Wohnraumzuteilung auseinandergerissen worden. Diese Entwurzelung, diese radikale Umwäl-

Linke Seite: Die Zionskirche von Ilulissat erhebt sich über die mit Eisbergen gespickte Diskobucht.
Oben: Der Parka aus Seehundfell hält im harten Winter warm.
Links: Künstler schaffen fantasievolle Figuren aus Elfenbein, Walknochen oder Rentiergeweih.

zung ihrer Lebensverhältnisse und das Überstülpen einer fremden Kultur hatten fatale Folgen: Arbeitslosigkeit, Gewalt in der Familie, Alkoholismus und eine hohe Selbstmordrate. Soziale Tragödien spielten sich ab. Diese sozialen Probleme werfen bis heute ihre langen Schatten. Besonders in Nord- und Ostgrönland gibt es viele Alkoholiker. Eltern kümmern sich nicht mehr um ihre Kinder oder die Alten. Der Familienverband, der das Naturvolk zusammenhielt, war zerstört. Doch Besserung ist in Sicht. In jeder größeren Siedlung gibt es heute ein Entzugsheim. Der »Alkohol« wird nicht tabuisiert, sondern thematisiert. Der frühere Ministerpräsident Jonathan Moitzfeld hatte einen erfolgreichen Entzug gemacht, sprach offen über sein Problem und bot ein gutes Vorbild. Die Grönländer haben sich auch

an das Leben in großen Orten gewöhnt. Spricht man mit jungen Erwachsenen, die in den Wohnblocks groß geworden sind, erzählen sie von einer schönen Kindheit mit vielen Spielkameraden. Diese Häuser werden nun modernisiert und teilweise bunt gestrichen, denn es herrscht Wohnungsmangel. Der Häuserbau auf Permafrostboden ist teuer. Alles wird als Bausatz aus Dänemark bestellt.

Heute ist Grönland ein modernes Land. Eine gute Schulausbildung sorgt für bessere Zukunftschancen. Seit die Grönländer ab dem 1. Mai 1979 die Selbstverwaltung erstritten haben, entwickeln sie ein größeres Selbstbewusstsein. Überall weht die schöne grönländische Flagge, die Ihue Christiansen 1985 entworfen hat. Angestrebt wird die vollständige Unabhängigkeit von Dänemark. Der Alltag besteht aus gelebter Tradition und Moderne. In kleinen Siedlungen gibt es bis heute kein fließendes Wasser wegen des Dauerfrostbodens, sondern Zapfhäuser oder Wassertanks, keine Abwasserleitungen oder Toilettenspülungen, dafür Chemietoiletten oder die gelben Säcke, die Honeybags. Auch fährt man im Winter mit dem traditionellen Hundeschlitten, denn die Straßen verschwinden außerhalb der Stadtgrenzen im Nirwana der Eiskappe. So brechen die Jäger aus Qaanaaq wie einst ab März für mehrere Wochen mit ihren Schlittengespannen auf, um über den vereisten Smith Sound bis Ellesmere Island zur Eisbärenjagd zu fahren. Jeder Haushalt hat aber auch dänisches Fernsehen, CD-Anlage und Mobiltelefon. In manchen Siedlungen ist man stolz auf ein Internetcafé. Doch die verlockende Werbung von traumhaften Stränden oder schnellen Autos weckt Begehrlichkeiten, wenn man in einem kleinen Dorf Hunderte Kilometer von der Nachbarsiedlung entfernt, eingeschlossen von Meereis, in der Polarnacht lebt und einem vorgegaukelt wird, wie angenehm und sorgenfrei das Leben anderswo sein könnte.

Die Grönländer sind heute ein Volk im Umbruch zu einer modernen Industriegesellschaft. Geld wird mit Garnelen, Heilbutt und Kabeljau verdient, auch wenn sich die Überfischung durch große Trawler bemerkbar macht. Die Royal Greenland Fischereigesellschaft erprobt seit 2006 ein neues Konzept: Fisch und Schaltiere sollen fangfrisch von Ilulissat innerhalb von 48 Stunden in dänische Gourmetrestaurants gelangen – bei Erfolg ein hochpreisiges Geschäft. Fischfang und

Fischverarbeitung machen immer noch 93 Prozent des Exports aus. Diese fragile Monostruktur versucht man zu diversifizieren. In Südgrönland betreibt man Schaf- und Rentierzucht. Auch hofft man, die Bodenschätze zu heben, seit die Weltmarktpreise in den letzten Jahren immer höher geklettert sind. Viele internationale Konsortien führen Bohrungen durch und prüfen einen Abbau auf seine Rentabilität. Seit 2004 wird Gold in der Mine im südgrönländischen Nalunaq gefördert. Um die Diskobucht und vor Nuuk sind Anfang 2005 schon

Konzessionen zur Offshore-Ölbohrung vergeben worden (siehe S. 64). Dienstleistungen und der Tourismus entwickeln sich immer weiter. Seit 1990 haben sich selbstständig arbeitende Tourunternehmen zu einem »Outfittersystem« nach kanadischem Vorbild zusammengeschlossen, während vorher nur ausländische Unternehmer den Markt bedienten. Nachdem 1975 der Pelzmarkt wegen der blutigen Bilder erschlagener kanadischer Robbenbabys auch in Grönland völlig zusammengebrochen war, obwohl man hier nur erwachsene Tiere jagte, baut sich dieser Wirtschaftszweig langsam wieder auf. Die grönländische Pelzkollektion ist sehr modisch. In den Hallen von Great Greenland werden Robbenfelle eingefärbt, jedes Jahr kreiert man eine

Linke Seite: Ein Hubschrauber von Air Greenland setzt Geologen an der Mine von Maarmorilik ab.
Oben: Die »Fram« liegt vor dem »Herzberg« bei Uummannaq auf Reede.
Links: Vor der imposanten bis 80 Meter hohen Gletscherwand des Eqip Sermia – ein atemberaubendes Erlebnis.

neue Modefarbe. In den Nähstuben verarbeiten Frauen die Felle zu geschmackvollen Kleidungsstücken. Grönland hat mit »Alfa Woman« sogar schon eine erste Modellagentur.

Trotz aller Neuerungen ist Grönland noch auf die Subventionen aus Dänemark (2007 waren es umgerechnet 0,4 Milliarden Euro) angewiesen, denn besonders in Nord- und Ostgrönland herrscht große Arbeitslosigkeit. Hier leben noch viele Jäger, die im Dorf zwar hohes Ansehen genießen, deren materielle Bedingungen aber sehr bescheiden sind. Doch auch die Dänen haben dazugelernt. Heute geht man behutsamer vor. Die Grönländer bestimmen bei der Verwendung der Subventionen mit. Die EU-Gelder für die Fischereirechte vor Grönlands Küsten sind nicht mehr zweckgebunden, daher steckt man sie besonders in die Bildung. Die Identitätskrise früherer Jahre scheint heute überwunden zu sein. Die Grönländer besinnen sich auf ihre Traditionen. Kajakvereine sorgen dafür, dass die hohe Kunstfertigkeit des Kajakbaus nicht verlernt wird. Eine Renaissance erfahren Trommel- und Maskentänze. Am 27. November 2008 stimmten 75 Prozent der Grönländer für mehr Autonomie. Sie werden als eigenes Volk und Grönländisch als Amtssprache anerkannt; sie bleiben aber dänische Staatsbürger. Außerdem erhalten sie die Nutzungsrechte an ihren Bodenschätzen. Allerdings sollen die zukünftigen Einnahmen aus der Ausbeutung der Bodenschätze mit einer Kürzung der dänischen Finanzhilfe einhergehen.

REISEINFO

GRÖNLAND ist mit 2,41 Millionen Quadratkilometern sechsmal größer als Deutschland und erstreckt sich über 23 (!) Breitengrade. Vom südlichen Kap Farvel, das auf gleicher Breite mit Oslo liegt, bis zum Kap Morris Jesup, das nur noch 700 Kilometer vom Nordpol entfernt ist, sind es Luftlinie 2670 Kilometer. Grönland ist zu 85 Prozent vergletschert. Die Eiskappe im Innern hat eine Mächtigkeit von 3500 Metern. 400 000 Quadratkilometer, eine Fläche größer als Deutschland, sind eisfrei: besonders die westlichen Küsten, wo die meisten Städte und Siedlungen liegen, und der Nordosten der Insel. Geologisch gehört Grönland zu Nordamerika. Hier finden sich alte Gneise und Granite des kanadischen Schildes. Nahe der Hauptstadt Nuuk befinden sich die ältesten Gesteine der Welt (3,7 Milliarden Jahre). Grönland hat die Form einer Badewanne. Das Landesinnere wird durch die Eislast bis 350 Meter unter den Meeresspiegel gedrückt. Berge ragen an den Küsten empor. Höchster Berg ist der Gunnbjørn Fjeld mit 3693 Metern. Die Küste ist durch zahlreiche Buchten und Fjorde gelappt. Die gesamte Küstenlinie von etwa 44 000 Kilometern entspricht dem Erdumfang am Äquator.
Die Insel bietet einen wachsenden Markt für Kreuzfahrten unterschiedlicher preislicher Kategorien.

NUUK (15 050 Einwohner). Die Hauptstadt ist das wirtschaftliche, kulturelle und politische Zentrum Grönlands. Sie wirkt mit den gleichförmigen Wohnblocks, Zeugen einer aufgezwungenen Siedlungspolitik in den 1960er Jahren, wenig attraktiv.

KANGERLUSSUAQ (506 Einwohner). Der internationale Flughafen, das Tor zur Westküste, wurde 1941 als amerikanischer Militärflughafen, Søndre Strømfjord Airbase, am Ende des langen Fjords gebaut und 1992 für einen symbolischen US-Dollar an Grönland verkauft. Immer noch prägen die mittlerweile farbig angestrichenen Containerblocks das Siedlungsbild. Es gibt eine gute Infrastruktur, aber keine Bank. Das Flugzeug sollte man mückensicher bekleidet verlassen. Die mit zwölf Kilometern zweitlängste Straße Grönlands bringt einen zum Pier. Vor Ort werden Moschusochsensafaris oder Fahrten zur Eiskappe angeboten. Die etwa 39 Kilometer lange Schotterstraße ist 1990 von VW angelegt worden zur Versorgung ihrer Auto-Teststrecke auf der Eiskappe. 2005 wurde dieses kostspielige Projekt aufgegeben. Man fährt durch die Tundra vorbei am nördlichsten 18-Loch-Golfplatz der Welt, entlang einer eindrucksvollen Gletscherszenerie, und setzt dann einen Fuß auf die Eiskappe.

Linke Seite oben: Ein schmaler, buchten- und fjordreicher Streifen entlang der Westküste Grönlands ist eisfrei. Die mächtige Eiskappe, die 85 Prozent der Insel bedeckt, ist nicht weit entfernt.
Linke Seite unten: Ein Rundflug ist ein besonderes Abenteuer.
Oben: Ferienhütte am Fergusonsee bei Kangerlussuaq.

SISIMIUT (6100 Einwohner). Die zweitgrößte Stadt Grönlands hat den nördlichsten, eisfreien Containerhafen der Westküste. Die Royal-Greenland-Fischfabrik ist eine der modernsten Garnelenfabriken der Welt. Rund 12 000 Tonnen der Roten Tiefseegarnelen werden jährlich exportiert. Die Stadt ist wie Rom auf sieben Hügeln gebaut. Eine steile Straße führt zum historischen Viertel, heute ein Freilichtmuseum, das von der neuen roten Zionskirche (1926) überragt wird. Man betritt die Anlage durch den Unterkiefer eines Grönlandwales, der 1902 tot angespült wurde. 1764 wurde die Stadt als Kolonie Holsteinsborg gegründet, benannt nach dem Leiter des Missionskollegiums Johan Ludvig Holstein zu Ledreborg. Der grönländische Name Sisimiut bedeu-

tet »Fuchsbaubewohner«. Typisch für das Stadtbild sind die kleinen roten und gelben Holzhäuser, die als Fertigprodukte aus Dänemark kommen müssen, da es in Grönland kaum Holz gibt. Sisimiut hat sogar ein temperiertes Freibad, außerdem ein Krankenhaus und daneben einen großen Friedhof. Mitteleuropäer empfinden es als makaber, dass im Sommer vorsorglich Gräber im aufgetauten Permafrost ausgehoben werden, um die Verstorbenen im Winter beerdigen zu können. Täglich bietet der Fischmarkt, der Brædtet, fangfrisch seine Waren an. Seit Frühjahr 1997 veranstaltet man das internationale »Arctic Circle Race«, das längste Langlaufskirennen der Welt. In drei Tagen müssen 160 Kilometer zurückgelegt werden. Man übernachtet dabei in Zelten.

DISKOINSEL UND QUEQERTARSUAQ (1030 Einwohner). Größte Stadt auf der vulkanisch geprägten Diskoinsel ist Qeqertarsuaq. Sie wurde 1773 wegen ihres Naturhafens vom Walfänger Sven Sandgren gegründet. Bis heute ziehen regelmäßig im Juni Buckelwale ihrer Nahrung, den Lodden, hinterher. Wichtigster Wirtschaftsfaktor ist die Fischerei. Die Kanone im Hafen begrüßt nach jedem Winter das erste Versorgungsschiff. Die oktagonale Form der Kirche (1914) brachte ihr den Namen »Tintenfass Gottes« ein. Der Glockenturm steht separat. Das Kircheninnere zeigt die typischen Farben: Blau symbolisiert den Himmel, gelb die Sonne, rot die Erde und weiß das Eis.

DISKOBUCHT. Sie ist das Hauptreiseziel in Grönland. Von Kangerlussuaq kommend sieht man hier die ersten Eisberge, die aus dem Eisfjord herausdriften. Wegen der Klimaerwärmung friert heute das Meer in der Bucht nur noch von Januar bis März zu. Mitternachtssonne herrscht von Mitte Mai bis Mitte Juli. **ILULISSAT AM EISFJORD** ist mit 5000 Einwohnern die drittgrößte Stadt. Ilulissat bedeutet »Eisberge« und treffender könnte der Name nicht sein. Seit September 2004 gehört der Eisfjord zum Welterbe der UNESCO. Der Hafen ist sehr geschäftig, die Stadt eine Touristenhochburg. Jedes Jahr kommen 14–15 000 Touristen mit steigender Tendenz. Es gibt viele Hotels und Tourunternehmen. Das älteste Hotel (1970) ist das gemütliche »Hvide Falk«. Aus dem Speisesaal hat man einen fantastischen Blick auf Eisberge und die Bucht. 1741 ist die Stadt

vom dänischen Großkaufmann Jakob Severin als Handelsstützpunkt Jakobshavn gegründet worden. Dank des Walfangs war sie mit 600 Einwohnern neun Jahre später die größte Siedlung Grönlands. Mit dem Rückgang des Walfangs erlebte die Stadt ihren Niedergang. Aber schon 1890 erreichte sie einen erneuten Aufschwung, als die Königlich-Grönländische Handelsgesellschaft mit dem Heilbuttfang begann. Durch Überfischung kam es immer wieder zu Rückschlägen, besonders in den 1950er Jahren. Berühmteste Söhne der Stadt sind Knud Rasmussen (1879–1933), dessen Geburtshaus heute ein Museum ist, und Jørgen Brønlund (1877–1907), dessen Büste neben dem Fischmarkt steht. Er starb bei der »Danmarks-Expedition« unter Leitung von Ludvig Mylius-Erichsen, an der auch Alfred Wegener (1880–1930, dt. Geophysiker, entwickelte die Theorie der Plattentektonik) teilgenommen hatte. Südlich von Ilulissat geht es durch die Tundra zum Eisfjord, wo man einen prächtigen Blick auf die gestauten Eisberge hat. Mit kleinen Kuttern, zum Beispiel der »M/S Smilla« mit Skipper Dieter Zillmann und seiner Frau Elke Meissner (greenland.tours@greennet.gl), fährt man entlang der Fjordmündung zwischen den Eisbergen umher. Auf diesem Schiff ließ sich im August 2007 Bundeskanzlerin Angela Merkel die Folgen der globalen Klimaerwärmung erklären. Bootstouren bei mitternächtlich gleißendem Junilicht oder bei Sonnenuntergang sind einmalige Erlebnisse. **RODEBAY** zählt 45 Einwohner und 200 Hunde. Hier betreiben die Thüringer Uta und Ingo Wolff das

Linke Seite: Viele Grönländer arbeiten auch heute als Fischer.
Oben: Sisimiut wird vom 784 Meter hohen Zipfelmützenberg (Nasaasaaq) überragt, der nur selten so frei zu sehen ist.

gemütliche Restaurant »H 8« mit Gästehaus (utaingo@greennet.gl). Empfehlenswert ist die leckere Platte mit Fleisch (Robbe, Moschusochse, Ren), Fisch und fangfrischen Meeresfrüchten.

UUMMANNAQ (1500 Einwohner). Die Stadt liegt auf einer zwei Quadratkilometer großen Insel nördlich der Diskobucht am Fuß des 1175 Meter hohen, herzförmigen Hausbergs. 500 Kilometer nördlich des Polarkreises hat man schon drei Monate Polarnacht (vom 7.November bis 4.Februar). Da die Eiskappe Grönlands zunehmend schmilzt, also an Höhe verliert, sehen die Bewohner die Sonne seit 2007 schon einen Tag früher, am 3. Februar, aufgehen. Vom Hafen aus erblickt man die Feldsteinkirche (1935), die einzige aus Granit gefügte Steinkirche in Grönland. Es folgt ein kleines Museum mit einer Abteilung über Alfred Wegener und Repliken der Mumien von Qilakitsoq, die die Brüder Hans und Jokum Grønvold im Oktober 1972 auf der Nuussuaq-Halbinsel gegenüber von Uummannaq gefunden haben. Die Originale, drei Frauen und ein Kleinkind, sind im Nationalmuseum in Nuuk ausgestellt. Haupterwerbsquellen sind heute der Heilbuttfang, eine Fischfabrik und etwas Tourismus. Seit 1997 findet regelmäßig Anfang April die »World Ice Golf Championship« statt. Mit roten Bällen spielt man in den zugefrorenen Fjorden zwischen den Eisbergen 36 Löcher an zwei Turniertagen (www.greenland-guide.gl/icegolf). Im Sommer führen gelbe Markierungen durch die Tundra zum »Haus des Weihnachtsmannes«. Empfehlenswert ist ein Bootsausflug nach Salliaruseq, der »Wüsteninsel«. Für Grönland untypisch, ist der Boden durch verschiedene Eisenoxidationen gelblich gefärbt wie Wüstensand. Man findet Glimmer und Granate. Die Rückfahrt führt vorbei an einem 700 Meter hohen Vogelfelsen mit brütenden Eissturmvögeln.

UKKUSISSAT. Umgeben von den bis zu 1920 Meter hohen Alfred-Wegener-Bergen leben hier 350 Hunde und 175 Einwohner, davon rund 50 Prozent Kinder und Jugendliche. Von Juni bis September ist man mit kleinen Fischkuttern unterwegs, im Winter fährt man mit Hundeschlitten zum Eisfischen, denn seit 1988 werden in der Royal-Greenland-Fischfabrik zum Export etwa 100 Tonnen Heilbutt tiefgefroren. Da Nachbarsiedlungen weit entfernt liegen, gibt es einen Supermarkt und eine Schule bis zur neunten Klasse, in der sechs Lehrer 26 Schüler unterrichten. Stolz ist man auf den Internetanschluss.

UPERNAVIK (1100 Einwohner). Dies ist der Hauptort der Kommune, die viermal so groß wie Dänemark ist und insgesamt nur 2900 Einwohner zählt. Für die neue Flugzeuglandebahn ist eine ganze Bergspitze abgetragen worden. Im Winter herrschen oft minus 40 °C. Der Hafen liegt geschützt. In der Fischfabrik wird Heilbutt verarbeitet. Auf dem Friedhof steht die gewölbte Grabplatte von Navarana, der ersten Frau von Peter Freuchen (siehe unten). Als erster Gebildeter heiratete er eine Inuitfrau und hatte nicht nur Kinder mit einer Einheimischen wie beispielsweise Robert Peary.

KULLORSUAQ (200 Einwohner). Wahrzeichen des Ortes ist die Felssäule »des Teufels Daumen«. Das Servicehaus mit Waschmaschinen und Duschen ist 1997 von drei Mitgliedern des dänischen Königshauses eingeweiht worden, um die Wichtigkeit der Hygiene zu unterstreichen. Noch in den 1990er Jahren traten immer wieder Tuberkulose-Epidemien auf.

SAVISSIVIK (80 Einwohner). Der Name bedeutet: »ein Platz, wo man sein Messer schärft«, denn hier gibt es das seltene tellurische oder meteoritische Eisen. Auffallend sind der tiefgründige Torfboden und das viele Moos.

QAANAAQ, das neue Thule (650 Einwohner). Die ursprüngliche Siedlung lag Luftlinie 110 Kilometer weiter im Süden, in einem sehr guten Jagdgebiet an einer fisch- und robbenreichen Bucht. Dort am Kap York errichtete Knud Rasmussen zusammen mit seinem Freund Peter Freuchen 1910 die Handelsstation Thule, wo die Bewohner von Moriusaq und Umánaq (Thule) ihre Felle verkaufen konnten. Mit den Gewinnen finanzierte Rasmussen seine sieben Polarexpeditionen.

1941 schloss der dänische Botschafter Henrik Kaufmann mit den USA einen Vertrag über die Verteidigung Grönlands. 1943 hatten die Amerikaner nahe der Handelshütte erst eine Wetterstation; 1946 kam ein Rollfeld dazu, was die Fangsituation der Polarinuit schon verschlechterte. Schließlich entstand ab 1951 die amerikanische Thule Air Base an der North Star Bay. 1,3 Milliarden Dollar investierten sie in den hocharktischen Stützpunkt. Die Polarinuit mussten weichen und wurden 1953 in das auf dem Reißbrett geplante neue

Linke Seite: In Qaanaaq wärmen Parka aus zwei Lagen Seehundfellen und die Kapuzen mit Eisbärenfell auch im tiefen Winter.
Oben: Die Grabplatte von Navarana in Upernavik.

Thule zwangsumgesiedelt, das bald den grönländischen Namen Qaanaaq bekam. Die »neuen« Jagdgebiete sind weiter weg, der Murchison Sound ist nicht so fischreich. Die Menschen leben bis heute isoliert. Es gibt einen Flughafen, um Güter und frische Lebensmittel anliefern zu können. Nur zweimal im Jahr trifft ein Versorgungsschiff ein, da das Meer bis Juli zuge-

froren ist. Der Schnee liegt von Mitte September bis Ende Juni. Der Alkoholmissbrauch und die Selbstmordrate sind hier höher als im Landesdurchschnitt. Die soziale Familienstruktur ist nicht mehr intakt, daher gibt es ein Kinder- und das blauweiße Altenheim. Interessant ist das Knud-Rasmussen-Museum. Das Gebäude ist die alte Handelsstation, die 1987 hierher gebracht wurde. Neben dem Eingang hängt ein Schwarzweißfoto, das die Station noch vor Mt. Thule zeigt. Um ihre Tradition zu leben, dürfen die Jäger zehn Finnwale und 100 Minkwale pro Jahr erlegen. Nahe bei Qaanaaq gibt es ein Schutzgebiet für Narwale.

SIORAPALUK (70 Einwohner). In dieser nördlichsten Siedlung leben einige hauptberufliche Jäger. Eisbären- und Robbenfelle werden zum Trocknen aufgehängt. Erfolgreichster Jäger ist der Japaner Ikou Oshima, der mit einer Grönländerin verheiratet ist. Er näht auch sehr gute Hundepeitschen. Im Sommer fängt man Krabbentaucher (siehe Essay S. 122). Der Autor Peter Høeg beheimatete hier die Mutter der Heldin seines Romans »Fräulein Smilla und ihr Gespür für Schnee«.

SÜDGRÖNLAND. Es ist das »grüne« Grönland mit einem üppigen Blumenmeer und vereinzelten bis sieben Meter hohen Polarweiden oder -birken südlich des Polarkreises, aber noch nördlich der Zehn-Grad-Juli-Isotherme. Treibeis wird von Ostgrönland um Kap Farvel entlang der südgrönländischen Küste nach Norden getrieben. Zwischen Narsaq und Nanortalik sind viele Ruinen aus der 500-jährigen Besiedlung durch die Wikinger zu besichtigen. Das malerische Qaqortoq, Heimat der Bildhauerin und Malerin Aka Høegh, ist Grönlands schönste Stadt.

OSTGRÖNLAND (3500 Einwohner). Selbst im Sommer liegt oft noch ein dicker Eisgürtel vor der zerklüfteten Küste, denn im Gegensatz zur Westküste führt hier kein Ausläufer des Golfstroms entlang. Daher ist die Schifffahrt nur bedingt von Juli bis September möglich. Die Region ist abgeschiedener, die Kultur ursprünglicher und traditioneller als im übrigen Grönland. Es gibt nur zwei größere Städte und neun Orte entlang der gesamten Ostküste. Tasiilaq hat 2900 Einwohner und gehört zur Kommune Ammassalik, deren Name: »Platz mit den Lodden« bedeutet. Diese kleine Lachsart bewahrte früher die Menschen vor dem Verhungern. Ittoqqorttoormiit mit 560 Einwohnern liegt am Scoresbysund, einem der längsten Fjorde der Welt.

Oben: Vor dem Eisfjord ist das Gewässer sehr fischreich.
Rechte Seite: Die Bucht vor Saqqaq. In der kleinen Siedlung gibt es kein fließend Wasser. Abwasser leitet man durch ein Rohr aus dem Haus, wo es dann im Boden versickert.

Eistore sind Reste von Schmelzwasserkanälen in Gletschern. Nach dem Kalben entstehen solche grandiosen Tore.

Links: Auf dem Weg zur Eiskappe bei Kangerlussuaq. Der Fluss hat den höchsten Schmelzwasserstand Mitte Juli, wenn er 60 Meter in der Sekunde fließt und acht Gramm Sand pro Liter mitführt, die er dann in den Søndre Strømfjord ergießt.
Ganz oben: Der Russellgletscher strömt von der Eiskappe bei Kangerlussuaq.
Oben: Der Akuliarusiarsuup Kuua mäandert bis in den Søndre Strømfjord.

Der Ewigkeitsfjord hat viele Seitenarme, in die Gletscher von der nahen Eiskappe fließen. Je mehr sich das Schiff der Gletscherzunge nähert, desto mehr Gäste sammeln sich auf den Decks.

Während unser Schiff auf Reede liegt, fahren wir mit den Zodiacs nach Siorapaluk, der nördlichsten Siedlung.

Oben und rechte Seite: Die Feuchtigkeit in der Luft vor Grönland zaubert Ende August die eindrucksvollsten Sonnenuntergänge. Die Eisberge sind um Mitternacht von warmem, gelbem Licht umgeben, am nächsten Abend erstrahlt der Himmel rot-orange. Leise gleitet das Schiff unter dem Vollmond durch die einsame, stille Eiswelt. Die Lichtstimmung dauert zu Herbstbeginn bis weit nach Mitternacht. Es wird noch nicht richtig dunkel. Trotz der beißenden Kälte mag man kaum schlafen gehen.

Alle Bilder: Der Eisfjord südlich von Ilulissat zählt zum Weltnaturerbe der UNESCO. Der ganze Fjord ist mit Eisbergen gefüllt. An der Mündung des Fjords erzeugt eine Bodenschwelle einen Stau der Eisberge zu einer Eiswand. Erst wenn die Eisberge abgeschmolzen sind, können sie zumindest mit der nächsten Springflut die Schwelle überwinden und in die Diskobucht gelangen. Eine Tour mit dem kleinen roten Boot vor dem Eisfjord lässt keinen unbeeindruckt. Da beim Schmelzen der Eisberge viel Sauerstoff ins Wasser gelangt, gibt es gute Fischgründe. Die Fischer jagen hier auf Schwarzen Heilbutt und Kabeljau.

Linke Seite: Wenn die Sonne scheint, kalbt der Ewigkeitsgletscher alle paar Minuten in den Fjord. Die Klimaerwärmung macht sich in Grönland immer stärker bemerkbar. Die Gletscher fließen schneller und bluten aus.

Oben: Das Sermermiut-Tal vor dem Eisfjord war schon um 2500 v. Chr. von Jägern der Saqqaq-Kultur besiedelt. Anfang September werden die Herbstfarben mit jeder kalten Nacht intensiver.

AUF DEN HUND GEKOMMEN UND BEIM HUND GEBLIEBEN

Nördlich von Sisimiut und in Ostgrönland ist der Schlittenhund der Stolz jeden Grönländers. In manchen Dörfern gibt es zehnmal mehr Hunde als Einwohner. Ihr Heulen ist ohrenbetäubend, denn sie sind nah mit dem Wolf verwandt. Der

Grönlandhund ist eine eigene Rasse, in Alaska und Kanada dagegen hat man Huskies. Nur in Südwestgrönland sind wegen der Schaffarmen keine Hunde erlaubt. Bis heute fahren Jäger und Fischer im Winter mit dem Hundeschlitten, wobei in Grönland 12 bis 14 Hunde fächerförmig vor den Schlitten gespannt werden. Den Sommer verbringen sie angeleint zwischen Häusern oder auf Hundeplätzen. Lediglich Welpen dürfen frei herumlaufen. Gefüttert werden die Hunde nur alle paar Tage, damit sie nicht zu viel Fett ansetzen. Sobald im Herbst der Schnee fällt, werden sie angeschirrt. Wild geht es bei den ersten Fahrten zu. Die Rangordnung muss untereinander wieder ausgefochten werden – keine leichte Aufgabe für den Lenker und nichts für Anfänger. Die Schlittenhunde sind auf den Gespannführer fixiert. Umgekehrt kümmert er sich zuerst um ihre Fütterung, bevor er es sich bequem macht. Trotzdem müssen sie schon auf der ersten Fahrt 40 Kilometer zum Eisfischen hinausfahren, obwohl ihre Muskeln den Sommer über schwach geworden sind. Auf dem Rückweg gilt es, bis

Links: Die tollpatschigen Welpen dürfen frei herumlaufen. Sie bleiben in der Nähe ihrer Mütter, da sie noch gesäugt werden.
Oben: Der »Chef« schaut ganz interessiert, was wir so treiben. Er ist an seiner Hütte angekettet und langweilt sich in den Sommermonaten.

zu 400 Kilogramm Heilbutt zu ziehen. Hunde sind hier Arbeitstiere und werden nur fünf bis sieben Jahre alt. Schoßhundromantik mit Schleifchen und Gourmet-Chappi lässt sich mit dem harten Leben in der Arktis nicht vereinbaren. Im Winter vertilgt ein Gespann eine Robbe pro Tag. Sie fressen aber auch sonst alles. Schuhe, Mützen, ihr Geschirr, nur Steine und Eisen nicht. Ihre Vorliebe für europäisches Lederschuhwerk mussten manche Polarforscher bitter bereuen. Die Hunde lernen daher als Erstes, nichts auf dem Schlitten anzurühren, sonst kommt die Peitsche zum Einsatz. Mütze oder Handschuhe an die Hunde zu verlieren, kann bei minus 40 Grad Celsius den Kältetod bedeuten.

Oben: Alle paar Tage werden die Hunde mit Fisch gefüttert. Jeder erhält vom Besitzer seinen Anteil an der Nahrung.
Mitte: Der Grönlandhund ist noch sehr wild und trägt viele Wolfsgene in sich.
Links: Ihre Rangordnung können sie erst wieder im Winter ausfechten. Im Sommer halten die Ketten sie auf Distanz.

1
2
3
BBC
4
5
6

Linke Seite: 1 Die Einheimischen bieten auf dem Fischmarkt ihre Waren an. **2** Diese kleinen Ammasetten (Lodden) sind begehrt bei Menschen, den Schlittenhunden und den Walen vor der Küste. **3** Dieser Mann portioniert das Robbenfleisch. **4** Der Japaner Ikou Oshima aus Siorapaluk. **5** In der Nähstube wird aus Fellen modische Kleidung hergestellt. **6** Viele Grönländer haben ein asiatisches Erbe.

Oben: Der Chor aus Qaanaaq im hohen Norden trägt die typische Tracht der Polarinuit. Sie ist wärmer als die der Bewohner in der Diskobucht. Ihre Kamikken sind mit Eisbärenfell gefüttert, das oben aus den Stiefeln herausschaut.

Oben: In Ukkusissat führen uns die Kinder im Gemeindesaal die alten Tänze der Walfänger vor; danach präsentieren sie stolz ihre prächtigen Nationaltrachten. Neben Fischfang verdient sich diese kleine, abgelegene Siedlung mit dem Tourismus etwas dazu. Das Geld gibt die Gemeinde für die Schule und andere notwendige Dinge aus.

Rechte Seite oben: Die alte Minenstadt Qullissat auf der Diskoinsel war in den 1950er und 1960er Jahren mit 1400 Einwohnern die zweitgrößte Stadt Grönlands. 1972 ist sie verlassen worden. Der Steinkohleabbau war auf dem Weltmarkt nicht mehr wettbewerbsfähig. Manche Häuser verfallen, andere werden von ihren Besitzern noch als Sommerhütte erhalten.

Rechte Seite unten: Der charakteristische Mt. Thule (222 m) erhebt sich über die North Star Bay. Anfang September zaubert die Herbstfärbung bunte Farbkleckse in diese weite Steinlandschaft.

In Nordwestgrönland arbeiten die meisten Grönländer als Jäger oder Fischer, da es keine anderen Arbeitsplätze gibt. Viele kleine Fischerboote aus Holz oder auch schon aus Kunststoff werden nach der Arbeit ans Ufer gezogen. Denn im Norden haben sie meist keinen Anlegesteg, da dieser bei starken Stürmen oder über den Winter vom Treibeis zerstört würde.

Der Friedhof von Upernavik. Die Friedhöfe haben in Grönland die schönsten Lagen mit Blick auf das Meer. Auch viele junge Leute werden begraben. Bis heute passieren viele Unfälle, wenn die Kinder über Eisschollen springen oder Boote kentern. Da das Wasser eiskalt ist, lernen die meisten nicht schwimmen. Die Chancen, einen Sturz ins Wasser zu überleben, sind gering.

Oben: Der Name »Uummannaq« bedeutet »herzförmig«, eine treffende Bezeichnung für den 1175 Meter hohen Hausberg, an dessen Fuß die gleichnamige Stadt liegt. Die Grönländer meinen damit nicht das menschliche Organ, sondern das Robbenherz. In der Vergangenheit waren Robben ihre wichtigste Nahrung. Bis heute wird noch gern Robbenfleisch roh, in der Suppe oder als Steak gegessen. Viele farbig angestrichene Häuser rahmen den Hafen ein.

Rechte Seite oben: In Uummannaq gibt es fast nur Einfamilienhäuser aus Holz. Das hügelige Terrain ist nicht nur über schmale Straßen, sondern auch über viele Treppen erschlossen.
Rechte Seite unten: Die Feldsteinkirche in Uummannaq ist 1935 vom Architekten Helge Bojsen-Møller gebaut worden, dem viele Kirchenbauten in Grönland zu verdanken sind.

1086

EDVARD KRUSE-P
ATUARFIA

PORSILDS FORSCHUNGSSTATION: NATURWISSENSCHAFT UND GEISTERBESCHWÖRUNG

Als 1898 der dänische Botaniker Morten Porsild (1872–1956) eine geologische Expedition auf die westgrönländische Diskoinsel leitete, begeisterte ihn die artenreiche, üppige Vegetation. Die Diskoinsel entstand durch untermeerischen Vulkanismus vor 55–60 Millionen Jahren, daher sind die Böden hier viel nährstoffreicher als die Granit- und Gneisböden im übrigen Land. Die bis 8 Grad Celsius warmen Quellen lassen Pflanzen gedeihen, die sonst nur in Südgrönland heimisch sind. 1906 gründete Porsild die Arktisk Station und leitete sie 40

Oben: Zwischen dem Schutt gedeiht der Rasensteinbrech.
Links: Stängelloses Leimkraut. Der Polsterwuchs ist typisch für die Arktis und gilt als Anpassung an den extremen Standort.

Jahre lang. Sein einzigartiges Herbarium, das wegen der trockenen arktischen Luft ausgezeichnet erhalten blieb, ist bis heute zu bestaunen. Die Station außerhalb von Qeqertarsuaq wird von Basaltsäulen eingerahmt. Bis heute glauben die Grönländer, dass in dieser geologischen Formation Geister spuken. Daher ist es schwierig, Putzfrauen einzustellen. Es arbeiten immer mehrere zusammen, aus Angst, einem Geist zu begegnen.

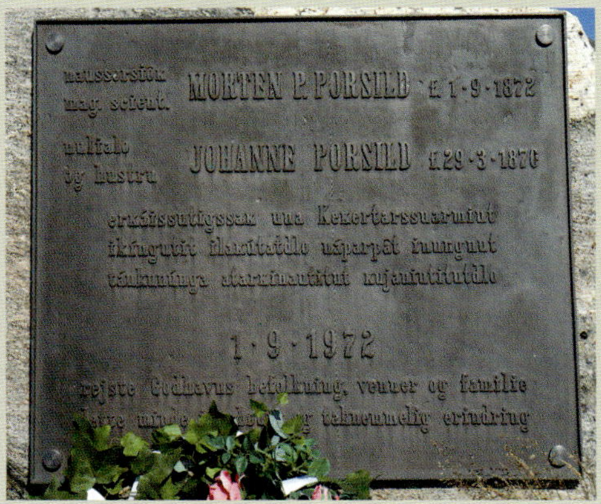

Seit 1953 gehört die Station zur Universität Kopenhagen. In dem zweigeschossigen Haus, in dem einst Porsild lebte, sind die Gemeinschaftsküche, ein Aufenthalts- und Seminarraum sowie die Gästezimmer untergebracht. Doktoranden schlafen in einem Raum, der nur durch Seitenwände etwas Privatsphäre ermöglicht.

Wenn man aber einige Tage für die Feldforschung frierend mit dem Zelt unterwegs war und mit Moskitoschwärmen kämpfen musste, dann ist ein festes Dach über dem Kopf schon reiner Luxus. Botaniker, Meeresökologen, Geografen und Geologen forschen hier. Eine Langzeitstudie beschäftigt sich derzeit mittels Satellitentelemetrie mit der Wanderung der Grönlandwale. Einzigartig ist die Bibliothek. Wer etwas zur Arktis publizieren möchte, findet hier die Literatur. Es gibt die Expeditionsberichte von Robert Peary oder von Fridjof Nansen. Unschätzbare Kostbarkeiten im Original von Wegener und anderen Polarforschern sind in einem Extrasafe vor Feuer gesichert.

Oben: Die Arktische Station vor den Toren von Qeqertarsuaq.
Links: Der Botaniker Morten Porsild hat als Erster die besondere Vielfalt der Vegetation auf der vulkanisch geprägten Diskoinsel erkannt. Sein einzigartiges Herbarium arktischer Pflanzen ist bis heute in der Station erhalten.

Links: Auf dem Schifffahrtsweg von Ilulissat nach Süden passieren wir langsam die einzigartige Eislandschaft vor dem berühmten Eisfjord, eine Bilderbuchkulisse. Besonders abends sind viele Fischer und einige kleine Ausflugsboote unterwegs.
Oben: Dick vermummt genießen die Gäste die langsame Fahrt durch die Eislandschaft der Diskobucht.

FASZINATION SPITZBERGEN

EISBÄRENALARM

Es geschah am Sorgfjord im Norden Spitzbergens. Der Tag beginnt mit strahlend blauem Himmel. Zunächst fahren wir Lektoren und die Eisbärenwachen mit dem Scoutboot zum flachen Strand einer kleinen Halbinsel. Der Landgang für die Passagiere ist in Gruppen eingeteilt. Das wird wegen der Eisbären auch strikt eingehalten, um im Notfall alle Zodiacs für eine Blitzevakuierung zur Verfügung zu haben. Nachdem wir einen wunderschönen Kieselstrand überquert haben, klettern wir einen Felshügel zum Kreuz hinauf. Dieses erinnert an die Schlacht zwischen holländischen und französischen Walfängern im Jahre 1693. Von oben bietet sich ein grandioser Blick über die einsame Landschaft. Die Wache entdeckt mit dem Fernglas auf der anderen Seite der Bucht einen noch sehr, sehr weit entfernten weißen sich bewegenden Punkt. Wir identifizieren ihn als Eisbären. Nun gilt es zu handeln: Sofort informiert die Bärenwache den Kapitän über Funk. Dieser lässt das durchdringende Typhon drei Mal ertönen. Das bedeutet, alles sofort zurück aufs Schiff. Kein leichtes Unterfangen! Die vorletzte Gruppe ist gerade erst angekommen. Viele reagieren mürrisch und ungehalten: »Wa-

Rechts: Die horizontal geschichteten Plateauberge von Hopen bestehen aus brüchigen, überwiegend marinen Sedimenten. **Rechte Seite oben links:** Blüten einer Polarweide. **Mitte:** Vor der Hütte »Lloyds Hotel« im Møllerhafen lässt der Hotelmanager der »MS Bremen« die nördlichste Bar der Welt aufbauen. **Rechts:** Seekajaks an Bord eines kleinen Expeditionsschiffs.

NÖRDLICHSTE
BAR
DER WELT
79° 16' NORD
11° 53' OST
643 SM ZUM NORD

rum sollen wir zurück, der Bär ist doch so weit weg, den kann man ja nicht einmal sehen.« Außer Atem kommt schließlich der erste Offizier angespurtet, um qua seiner Autorität alle – auch die Meckerer – zurück an Bord zu befehlen. Unglücklich stehen schließlich viele an der Reling, traurig, dass der Landgang so abrupt abgebrochen wurde.

Plötzlich erscheint auf dem Hügel eine Eisbärin mit ihrem Jungen. Mit der Nase witternd nimmt sie unseren Geruch auf. Vor 20 Minuten haben wir dort noch mit der Gruppe gestanden. Ein Raunen geht durch die Menge. Viele trauen ihren Augen nicht. Das hätte man nicht erwartet. Manchem wird es im Nachhinein mulmig. Erst jetzt wird vielen Leuten klar, wir sind hier wirklich in der Wildnis. Da sind strikte Verhaltensregeln überlebensnotwendig.

AN DER KALTEN KÜSTE

Der Spitzbergen-Archipel, auch »Svalbard« genannt, was kalte Küste bedeutet, hat eindrucksvolle, karge Landschaften mit grandiosen Gletschern. Mit Zodiacs

fahren wir vor die zerklüftete Gletscherfront. Hoch ragt das Eis auf. Je näher man dem Gletscher kommt, desto zähflüssiger wird das Wasser durch den Eisbrei. Eisschollen treiben auf dem Meer, turmhohe Eisberge wie vor Grönland gibt es hier nicht. Die arktische Vegetation duckt sich vereinzelt zwischen das Geröll, Natur en miniature. Schneeammern brüten von allen Singvögeln am weitesten im Norden. Das Spornammer-Männchen klingt fast wie eine Lerche. Am Vogelfelsen lauschen wir der Kakophonie der Lummen, die ihr einziges Junges auf schmalen Felssimsen füttern. Mit raschen Flügelschlägen suchen die kleinen Krabbentaucher nach ihrer Planktonnahrung. Glück braucht man schon für die unvergesslichen Beobachtungen von Walross und Eisbär. Bei Landgängen stößt man auf zahlreiche Kulturrelikte, auf Spuren der Walfänger und Polarexpeditionen seit dem 17. Jahrhundert.

Linke Seite oben: Der Magdalenenfjord ist für viele Kreuzfahrer ein beliebtes Ziel.
Linke Seite unten: Spitzbergens einzige Kirche in Longyearbyen.
Oben: Der Eislotse Audun Gaarden übernahm die Eisbärenwache.
Links: Gletscherlandschaft des Kongsbreen bei Ny Ålesund.

REISEINFO

DER SPITZBERGEN-ARCHIPEL, auch »Svalbard« genannt, ist ein hocharktisches Inselreich zwischen dem norwegischen Festland und dem Nordpol, das sich von der Bäreninsel auf 74 Grad nördlicher Breite bis etwa 81 Grad nördlicher Breite erstreckt. Mit seinen 63 000 Quadratkilometern arktischer Wildnis, seinen Fjorden und Gletschern ist es fast so groß wie Bayern und zu etwa 60 Prozent vergletschert. Geologisch ist »Svalbard« sehr komplex aufgebaut. Auf engstem Raum konzentrieren sich alle Gesteinsarten der Erdgeschichte. Landschaftlich typisch sind die Tafelberge mit horizontaler Schichtung aus Sedimentgesteinen und steilen Schutthängen. Die größten Inseln sind Spitzbergen, Nordaustlandet, die Bäreninsel, Edgeøya und Prins Karls Forlandet.

Die meisten Schiffe fahren innerhalb eines Nordlandtörns für zwei bis drei Tage die gut zugängliche Westküste Spitzbergens an. Die typischen Ziele sind Longyearbyen, Ny Ålesund, Møllerhafen, die Magdalenenbucht und die Treibeisgrenze bei etwa 81 Grad nördlicher Breite. Ein Highlight ist die 8- bis 12-tägige Umrundung »Svalbards« mit vielen Anlandungen, auf der man die einmalige Natur und Tierwelt erst richtig kennenlernt.

SPITZBERGEN (39 044 Quadratkilometer) ist die größte der »Svalbard«-Inseln und sehr gebirgig. Der Newtontoppen im Nordosten ist mit 1717 Metern die höchste Erhebung. Im Westen und Norden greifen viele Fjorde ins Land hinein. Klimatisch ist die Westküste wegen eines Ausläufers des Golfstroms begünstigt. Der Eisfjord ist daher sechs bis neun Monate eisfrei und bietet guten Zugang nach Longyearbyen und Barentsburg.

LONGYEARBYEN (1650 Einwohner). Die Hauptstadt, Tor nach Spitzbergen, hat im Laufe ihrer Geschichte einen rasanten Wandel erfahren. Sie ist als Bergbausiedlung gegründet worden, denn die Amerikaner John Munro Longyear und Frederick Ayer entdeckten 1901 im Adventsfjord vielversprechende Kohlevorkommen. Sie gründeten 1906 die Arctic Coal Company und verkauften sie 1916 mit gutem Profit an die Norweger. Bis 1989 prägte die norwegische Bergwerksgesellschaft den Ort. Sie war Eigentümer des Geländes und größter Arbeitgeber. Ab den 1970er Jahren brachten die Bergarbeiter zunehmend ihre Familien mit, denn Norwegens politisches Ziel war, den Souveränitätsanspruch zu sichern und Longyearbyen zu einem ganz »normalen« Ort zu entwickeln. Man bot daher hohe Einkommen und verlangte minimale Steuern. Weil die Preise für Steinkohle auf dem Weltmarkt immer wieder einbrachen, fuhren die Norweger Ende der 1980er Jahre die Bergbausubventionen zurück und strebten gleichzeitig eine Diversifizierung der Wirtschaft an. Trotz steigender kommunaler Abgaben und gleichzeitig

sinkender staatlicher Subventionen wächst Longyearbyen. Wirtschaftliche Basis bilden heute der Tourismus, kleine Dienstleistungsbetriebe sowie Forschung und Lehre. Die Universität ist im Svalbard Science Centre, einem Forschungspark, zusammen mit dem erweiterten Norsk Polarinstitut und dem Museum untergebracht. Seit Frühjahr 2008 werden in einem Tunnel im Permafrost Samen aus aller Welt konserviert, damit wichtige Kulturpflanzen nicht verloren gehen. Das Stadtbild ist farbenfroh. Die spitzgiebeligen Reihenhäuser und Appartements sind nach einem preisgekrönten Farbenplan angestrichen, den die Architektin Grete Smedal in den 1960er Jahren entwickelte. Wenn man ein Haus kauft, verbleibt der Grundbesitz beim Staat. Außerdem darf man es nicht in seiner Lieblingsfarbe streichen, sondern muss sich an die Vorgabe halten. Die Infrastruktur ist mit Schule, Kindergärten, Krankenhaus, Kino, Supermärkten, Restaurants und Hotels sehr gut. Beleuchtete Langlaufloipen, Skiabfahrten und das Kraftwerk versüßen die dreieinhalb Monate lange Polarnacht. Die kleine, lutherische Kirche ist 1958 errichtet worden. Der Pfarrer hat wahrscheinlich das größte Einzugsgebiet einer Gemeinde in ganz Europa. Jeden Sonntag nach dem Gottesdienst findet in dieser einzigen Kirche ein geselliges Miteinander im gemütlichen Gemeindesaal mit Kaffee, Tee und Kuchen statt. Das 1979 gegründete Museum präsentiert anschaulich die Geografie/Geologie, das Klima sowie die arktische Tier- und Pflanzenwelt. 1992 kam eine große Abteilung über den Bergbau dazu. Seit Ende 2005 ist das Museum, das früher nahe der Kirche lag, in den Forschungspark umgezogen (siehe oben).

Linke Seite: Der Norweger Roald Amundsen war ein strenger, willensstarker Mann. In der Arktis hat er als Erster die gesamte Nordwestpassage durchfahren (1903–1906). In der Antarktis war er der erste Mensch am Südpol (14.12.1911).
Oben: Die »Hauptstadt« Longyearbyen liegt am Ufer des Isfjord.

les. Es gab ein Kulturhaus, eine Schwimmhalle, ein kleines Hotel, einen Kindergarten und sogar Ställe für einige Rinder und Schweine. Da die Tierhaltung zu teuer wurde, mussten 2003/4 alle Tiere geschlachtet werden. Man betreibt noch ein Gewächshaus, da es an Frischgemüse mangelt. Seit 1995 ist in der ehemaligen Schule das Pomor-Museum mit einer interessanten geologischen Sammlung und einer archäologischen Abteilung untergebracht. Die orthodoxe Kapelle wurde 2001 als Erinnerung an zwei große Unfälle eingeweiht: den Absturz einer russischen Chartermaschine in Longyearbyen 1996 und eine große Explosion in der Kohlegrube 1997. Langsam wächst Barentsburg wieder. Um Devisen zu erlangen, öffnet man sich dem Tourismus. Außerdem ist eine neue Kohlegrube in Colesbukta östlich von Barentsburg erschlossen worden.

Der traditionelle Bergbau wird nur noch in einer Grube bei Sveagruva am van Mijenfjord südlich von Longyearbyen betrieben. Seit 1997 arbeitet man mit modernster Technologie hocheffizient und personalarm.

BARENTSBURG (900 Einwohner). 1905 bis 1912 gab es hier eine norwegische Walfangstation. Ab 1920 bauten Holländer Steinkohle ab und gründeten Barentsburg. Nach dem Einbruch des Weltmarktpreises für Kohle 1924 gaben sie den Bergbau auf. 1932 erwarb eine sowjetische Staatsfirma die Siedlung einschließlich der zugehörigen Flächen. 1962 wurde Barentsburg sowjetischer Hauptsitz auf Spitzbergen mit 2000 Einwohnern, insbesondere Ukrainern. Seit Glasnost und dem Zerfall der Sowjetunion erlitt Barentsburg in den 1990er Jahren eine tiefe Krise. Die russische Bergwerksleitung hatte die Weisung, möglichst nur Russen einzustellen. Diese verfügten aber nicht über die Erfahrung wie die im Bergbau gut ausgebildeten Ukrainer. Außerdem war die Bezahlung für Russen nicht mehr so attraktiv wie zu Sowjetzeiten. Daher halbierte sich die Einwohnerzahl. Früher gab es eine gute Infrastruktur, heute verfällt vie-

NY ÅLESUND. 1916 als Bergbausiedlung gegründet, wurde Ny Ålesund nach schweren Explosionsunglücken

1963/64 zur Geisterstadt. Heute ist es eine internationale Forschungsbasis, in der Wissenschaftler für eine begrenzte Zeit wohnen. Die Forschung hat eine lange Tradition, denn der Norweger Roald Amundsen hat sich hier vorbereitet, um 1926 mit dem Italiener Umberto Nobile auf dem Luftschiff »Norge« über den Nordpol und weiter bis Nome in Alaska zu fahren. Vor der Gletscherlandschaft des imposanten Kongsbreen steht noch der Zeppelinankermast. Nahe dem Pier am Kongsfjord sieht man die alten Bergbausilos und die restaurierte Lok der Kohlebahn. Ein kleines Museum erzählt liebevoll die Ortsgeschichte. Es gibt hier einige Superlative: das nördlichste Postamt und das nördlichste Treibhaus der Welt; außerdem ein Hotel und einen kleinen Souvenirladen. Neben dem Norsk Polarinstitut haben Briten, Deutsche, Japaner, Italiener, seit neuestem auch Franzosen, Südkoreaner und Chinesen eigene kleine Stationen; gegenüber steht das kleine blaue Haus, die Koldewey Station, die 1990 als Zweigstelle des deutschen Alfred-Wegener-Instituts eröffnet wurde. Davor erhebt sich die Büste von Roald Amundsen. Neu ist das Meeresbiologische Laboratorium am Fjordufer. Die Forscher betreiben insbesondere Meteorologie, Ionosphärenforschung, Geowissenschaften, Zoologie und Botanik. Die Forschungsbasis ist von Vogelschutzgebieten umgeben, insbesondere Weißwangengänse ziehen hier durch. In der Nähe des Piers gibt es eine Kolonie Küstenseeschwalben, die sehr aggressiv ihre Jungen verteidigen. Mit ihren spitzen Schnäbeln fliegen sie Angriffe auf den Kopf der Störenfriede. Am besten schützt man sich, indem man den Nestern nicht zu nahe kommt und

Linke Seite oben: Obligatorischer Wegweiser vor Lloyds Hotel.
Linke Seite unten: Der Ofen bringt gemütliche Wärme in die Hütte des Lloyds Hotel. Die Inneneinrichtung gleicht einem Museum.
Oben: Kreuzfahrtschiffe, die keine Zodiacs mitführen, müssen zeitaufwendig zur Anlandung für ihre Tender einen Steg bauen.

einen Schirm über den Kopf hält, da die Vögel immer die höchsten Stellen angreifen.

MØLLERHAFEN UND LLOYD'S HOTEL. Møllerhafen ist das Ziel vieler Kreuzfahrtschiffe. Der Wegweiser zeigt an, wie weit man in den Norden abseits jeglicher Zivilisation vorgedrungen ist. Die kleine, orangefarbene Hütte ist 1926 von Seeleuten des Norddeutschen Lloyd als Notunterkunft errichtet worden. Seitdem wird sie von der 1970 fusionierten Hapag Lloyd unterhalten. Irgendwann malte jemand drei Sterne neben dem Eingang. So entstand Lloyd's Hotel, mittlerweile sogar mit fünf Sternen ausgezeichnet. In der Umgebung findet man die typische Tundravegetation. Zwischen Steinen gedeihen nur kleine Polster des Rasensteinbrechs oder des Stängellosen Leimkrauts. Im benachbarten Fjord kalbt der imposante Lilliehoekbreen.

MAGDALENENFJORD. Das Landschaftspanorama einer alpinen Bergwelt mit dem mächtigen Waggonwaygletscher ist beeindruckend. Im Süden ragt die Gräberinsel als schmale Landzunge in den Fjord. Die geschützte Bucht hinter den Gräbern, Trinityhamna, wurde von 1600 bis 1800 von Walfängern als Flensplatz genutzt. Auf einem kleinen See sieht man mit etwas Glück Odinshühnchen oder Sterntaucher. In der empfindlichen Tundra sind schon regelrechte Trampelpfade wegen der hohen Touristenzahlen zu beklagen. Daher stationiert der Sysselmann hier den Sommer über einen Polizisten, damit die Naturschutzbestimmungen eingehalten und die Kulturgüter beaufsichtigt werden. Heute ist das Gräberfeld eingezäunt.

NORDKÜSTE VON SPITZBERGEN. Die Nordküste ist wie die Westküste von tief ins Land greifenden Fjorden geprägt. Am Eingang des **WOODFJORD** liegt bei Grohuk die Hütte, in der Christiane Ritter zusammen mit ihrem Mann 1934/35 den Polarwinter verbrachte. In den westlichen Seitenarm des Woodfjords, den **LIEFDEFJORD**, kalbt der acht Kilometer breite Monacobreen. Die kleine, flache Kiesinsel **MOFFEN** vor der Nordküste ist im Sommer wichtigster Ruheplatz für die Walrosse auf Spitzbergen. Die Schiffe dürfen sich höchstens auf 300 Meter nähern. Mit dem Fernglas bieten sich gute Beobachtungsmöglichkeiten, da manche Walrosse auch näher auf Eisschollen liegen. Wegen ihrer Elfenbeinstoßzähne sind sie lange Zeit bejagt worden und stehen heute unter strengem Schutz. Zur Umrundung des »Svalbard«-Archipels fährt man durch die **HINLOPENSTRASSE** zwischen Spitzbergen und Nordaustlandet und weiter durch den **FREEMANSUND** in den Størfjord. Das ist wegen der Eisbedingungen meist nur im August möglich. Steile Plateauberge mit horizontaler Schichtung und Schuttkegeln erheben sich über die Ufer. In der Hinlopenstraße springt die steile Felswand des Alkefjelett ins Auge. An diesem Vogelfelsen ziehen Krabbentaucher, Eissturmvögel, aber besonders Dickschnabellummen ihr einziges Junges groß.

NORDAUSTLANDET (14 710 Quadratkilometer). Diese zweitgrößte Insel des Archipels liegt ganz im Nordosten und wird durch die Hinlopenstraße von der Hauptinsel getrennt. Der Ausläufer des Golfstroms macht sich nicht mehr bemerkbar. Das Klima ist hocharktisch. Die meiste Zeit wird Nordaustlandet von Eis umgeben. Im Norden von Nordaustlandet gibt es ein kleines eisfreies Areal, sonst sind weite Teile von Inlandeiskuppen bedeckt. Die Vegetation ist äußerst

Linke Seite: Die Bergszenerie um die Magdalenenbucht spiegelt sich im Abendlicht.
Oben: Das Gletschertor des Lilliehoekbreen.
Links: Dieser Eisbrecher ist die Dienstlimousine des Sysselmann von Spitzbergen.

karg, die Tierwelt mit Eisbären, Polarfüchsen, Rentieren und Robben dagegen vielfältig. Heute ist die Insel unbewohnt. Hüttenruinen und Gräber zeugen von Walfängern und Trappern. Die nahezu vegetationslosen, felsigen **SJUØYANE** (Sieben Inseln) sind der Nordküste vorgelagert. Auch Rossøya gehört dazu. Hier liegt Norwegens nördlichster Landpunkt auf 80° 49,6'N.

Oben: Im Jahr 2000 durften wir noch auf der Bäreninsel, der auf 74 Grad gelegenen südlichsten Spitzbergeninsel, anlanden.
Rechte Seite oben: Ein Highlight ist die Eisgrenze. Alle sind an Deck, wenn die Eisschollen mit Gerumpel vorbeitreiben.
Rechte Seite unten: Zodiac-Anlandung im Sorgfjord.

HOPEN (40 Quadratkilometer). Über die lang gestreckte Insel südöstlich von Edgeøya erheben sich bis zu 370 Meter hohe Plateauberge mit brüchigen, marinen Sedimentschichten. Meist ist es feucht und nebelig, die Vegetation ist mit nur 28 Blütenpflanzenarten spärlich. Im Sommer brüten zahlreiche Seevogelarten. Offiziell wurde Hopen 1613 durch den Engländer Thomas Marmaduke entdeckt. Es gibt noch Reste holländischer Tranöfen. Erst ab 1908 fanden regelmäßige Überwinterungen statt. Heute gibt es eine kleine Radio- und Funkstation für den Wetterdienst und Eisbeobachtungen, die mit vier Mann besetzt ist. Das Postamt verfügt über einen eigenen Stempel. Ein Gedenkstein mit kyrillischer Beschriftung ist von den Sowjets 1975 für die Opfer des Frachtschiffes »Dekabrist« errichtet worden. Die »Dekabrist« war im November 1942 von New York über Island auf dem Weg nach Russland, als die 80-Mann-Besatzung von deutschen Flugzeugen angegriffen wurde. Hopen wird von Kreuzfahrtschiffen nur äußerst selten angelaufen.

BJØRNØYA (Bäreninsel) (178 Quadratkilometer). Die südlichste Insel »Svalbards« liegt in der Barentssee auf halber Strecke zwischen dem norwegischen Festland und dem Sørkap auf der Hauptinsel. Steil ragt sie aus dem Wasser. Das Inselplateau ist schwach hügelig mit der höchsten Erhebung von 536 Metern am Miseryfjelett. Wegen der südlichen Lage sind nur zehn Prozent der gletscherlosen Inselfläche schneebedeckt. Häufig versinkt die Insel in einer geschlossenen Wolkendecke. Im 17. Jahrhundert wurde sie regelmäßig von Walfängern aufgesucht. 1823/24 überwinterten hier erstmals norwegische Jäger aus Hammerfest. Das von ihnen benannte Hammerfesthuset ist heute das älteste, noch intakte Haus »Svalbards«. Es gibt eine kombinierte Radio- und Wetterstation, die mit elf Personen besetzt ist. Die Bäreninsel ist bekannt für ihre Vogelfelsen. Im Sommer brüten Trottel- und Dickschnabellummen, Papagei- und Krabbentaucher, Dreizehenmöwen und Eissturmvögel. An Säugetieren kommen Polarfüchse und mit dem winterlichen Treibeis auch Eisbären vor. Mittlerweile sind weite Teile zum Naturschutzgebiet erklärt worden. Während der Brutzeit von April bis Oktober müssen die Schiffe mindestens 40 Meter von den Kolonien entfernt bleiben. Da die Bäreninsel aber mitten im Fischfanggebiet liegt, sind die Seevögel stark gefährdet.

AMAZONAS

Oben: Eine Gruppe Walrosse ruht sich auf einer Eisscholle aus.
Rechts: Das Walross ist ausschließlich auf der Nordhalbkugel verbreitet und lebt zirkumpolar in den arktischen Gewässern. Männchen wiegen bis 1,5 Tonnen, Weibchen bis 800 Kilogramm. Im Verhältnis zu ihrem großen, plumpen Körper haben sie einen relativ kleinen Kopf mit kleinen Augen. Die faltige Haut ist zwei bis vier Zentimeter dick und schützt sie vor Verletzungen durch die Stoßzähne, die verlängerten Eckzähne, anderer Tiere. Mit dem Tastsinn, der besonders an der vorderen Schnauze mit den Tasthaaren, den Vibrissae, lokalisiert ist, spüren sie Herz- und Miesmuscheln, Schnecken, Würmer und Krebse auf. Diese Nahrung saugen sie mit der sehr beweglichen Schnauze und den empfindlichen Lippen auf. Festsitzende Muscheln werden mithilfe der Stoßzähne vom Felsen abgelöst.

ALKEN – DIE PINGUINE DES NORDENS

Die sympathischen Pinguine sieht man in der Werbung oder als Plüschtiere. So weit haben es die Alken mit Ausnahme des Papageitauchers nicht gebracht. Alkenarten wie Lummen, Tordalken, Gryllteisten und Krabbentaucher, die ausschließlich auf der Nordhalbkugel leben, sind durch die tropischen Meere von den nur auf der Südhalbkugel verbreiteten Pinguinen getrennt. Die Alken sehen den Pinguinen sehr ähnlich; wie ihre »befrackten Kollegen« im Süden sind sie schwarzweiß gefärbt, stehen aufrecht, haben ein kurzes, eng anliegendes Gefieder. Alken wie Pinguine tauchen nach ihrer Nahrung, wobei sie zur Fortbewegung unter Wasser ihre Flügel benutzen. Perfekt an das »Unterwasserfliegen« angepasst sind die zu schmalen, flachen und steifen Flippern umgebildeten Flügel der Pinguine, die den Flossen der Delfine ähnlicher als den Vogelschwingen sind. Trotz dieser Ähnlichkeiten sind beide Familien nicht miteinander verwandt. Während der Evolution wurden ähnliche Konzepte aufgrund von ähnlichen Umweltbedingungen »quasi parallel erfunden«. Der Fachausdruck heißt konvergente Entwicklung. Alken und Pinguine haben Gemeinsamkeiten entwickelt, aber auch eigene Entwicklungswege beschritten. Beide Familien sind optimal an ihren jeweiligen Lebensraum angepasst. So brüten die Alken auf schmalen Felssimsen an steilen Vogelbergen, wo ihre Gelege vor arktischen Räubern wie Polarfuchs, Eisbär oder Wanderratte geschützt sind. Alken müssen wegen der Lage ihrer Brutkolonie zwingend fliegen können. Daher müssen sie auf die dicke Speckschicht der Pinguine verzichten. Die nur bis ein Kilogramm schweren Alken könnten die extremen Klimabedingungen, unter denen beispielsweise Adelie- und Kaiserpinguine brüten, mit ihrem Wärmehaushalt nicht mehr bewältigen, dafür bleiben sie mehr schlecht als recht flugfähig. Pinguine dagegen gehen immer zu Fuß aus ihrem Nahrungsgebiet, dem Meer, zu ihren Brutplätzen an flachen bis hügeligen Küstenarealen.

Oben links: Dieses Trottellummenküken ist etwa 19 Tage alt.
Oben: Eine Gruppe von Trottellummen, einige von ihnen bilden einen weißen Augenring aus.

Links: Das Landen auf den schmalen, dicht besetzten Felssimsen ist schwierig. Meist plumpst die Lumme in die Nachbarn und es kommt zu lautstarken Streitereien. Dabei besteht die Gefahr, dass Eier oder kleine Küken von der Klippe fallen, denn diese Vögel bauen keine Nester.
Unten: Das Alkefjellet, der Lummenfelsen in Nordspitzbergen.

Auf der Zodiactour vor dem Monacobreen spürt man oftmals den kalten Wind, der über den Gletscher streicht. Da vom Gletscher viel Eis in den Fjord kalbt, hat das Wasser eine Konsistenz wie Aquavit, denn das Eis senkt die Temperatur.

Bei Mushamma bekommt man einen Eindruck von der alten Jagdkultur. In früheren Jahrhunderten legten die Trapper auf das hohe Gestell Robbenkadaver, um Eisbären anzulocken. Durch die Schießschächte des nahen Blockhauses konnten sie die Eisbären dann erlegen.

Oben: Die Eislandschaft am Eingang der Hinlopenstraße in Nordspitzbergen. Jedes Jahr sind die Eisverhältnisse anders. Man weiß daher nie, ob eine Umrundung Spitzbergens klappt. Es bleibt ein Abenteuer.

Rechte Seite oben: Ein altes Holzboot von ehemaligen Walfängern.

Rechte Seite unten: Die 100 Jahre alte Hütte am Lomfjord wird seit 1999 unterspült. Mittlerweile dürfte sie die Hangkante hinuntergerutscht sein. Außerdem sind Eisbären in die Hütte eingebrochen und haben die Tür völlig demoliert.

DER EISBÄR IN DER KLIMAFALLE

Die Klimaerwärmung wirkt sich besonders in den Polgebieten aus. Die Eisschollen, über die Eisbären wandern, schmelzen. Den Klimawandel spüren auch die Inuit in ihrem Alltag. Das Meereis bricht im Frühjahr zeitiger auf. Um ein Drittel hat die Meereisbedeckung in den letzten 30 Jahren abgenommen. In Grönland schrumpft der Eispanzer nach Berechnungen von NASA-Wissenschaftlern seit den 1990er Jahren um jährlich 50 Kubikkilometer, das entspricht etwa 20 000-mal dem Volumen der Cheopspyramide. Mittlerweile wurden zwischen 2002 und 2005 noch erschreckendere Daten gemessen. Der grönländische Eispanzer verliert schon 239 Kubikkilometer Eis pro Jahr. Damit hat sich der jährliche Verlust in einem Zeitraum von etwa 10 Jahren schon verfünffacht! Spitzbergen oder Novaja Semlja werden ab 2100 im Winter wahrscheinlich nicht mehr von Meereis eingeschlossen sein. Seit 1980 erwärmt sich Alaskas Boden um maximal 6 Grad Celsius. Als Folge sackt in Fairbanks der einst vereiste Untergrund ab und einzelne Häuser stürzen ein. In sibirischen Dörfern passiert Ähnliches. Zunehmendes Tauen des Permafrostbodens bedingt eine stark positive Rückkoppelung: Die langfristig tiefgefrorene, organische Materie im Boden zerfällt. Dabei werden vermehrt Kohlendioxid und Methan freigesetzt. Gase, die man für den Treibhauseffekt verantwortlich macht. Die Erwärmung beeinflusst auch die Fauna. Einige Tiere breiten sich von der Subarktis weiter nach Norden aus. In den 1990er Jahren tauchten in Nunavut erstmals Wanderdrosseln auf, in der Sprache der Inuit gibt es für sie gar keinen Namen. Für eisangepasste Robben und Eisbären verkleinert sich

Oben: Sohlenabdruck eines Eisbären. Die Vorderpranken sind bis zu 30 Zentimeter groß.
Rechts Der Eisbär lebt als Nomade und wandert im Laufe des Jahres Tausende von Kilometern entlang der Packeisgrenze. Er ist exzellent an seinen kalten, unwirtlichen Lebensraum angepasst.

dagegen der Lebensraum. Eisbären müssen hungern, wenn die Robben verschwinden. Bei höheren Temperaturen sind Eisbären mit ihrem gut isolierenden Haarkleid schnell überhitzt. Die Evolution kann möglicherweise mit der dramatischen Klimaerwärmung nicht Schritt halten und schnell genug auf Veränderungen reagieren. Eine Rückschau in die Erdgeschichte zeigt, dass es in den vergangenen Jahrmillionen immer wieder rasche Klimaumschwünge gab. Arten, die sich nicht anpassen konnten, starben aus. Der Eisbär ist daher auf dem besten Weg, Mammut und Wollnashorn zu folgen.

Oben: Die Eisbärin mit ihrem älteren Jungen an ihrer Hauptbeute, einer Robbe.

Die Felswände im Lomfjord weisen interessante marine Sedimente auf.

FASZINATION FRANZ-JOSEPH-LAND

Auf Franz-Joseph-Land kann man sich noch als Pionier fühlen, eine Eisbrecherfahrt bis zum nördlichsten Punkt Eurasiens ist nicht nur preislich sehr exklusiv. Oft verhüllen tief hängende Wolken die karge Landschaft. Der Inselwelt fehlt das Spektakuläre, der Reiz erschließt sich dem Enthusiasten vor allem durch den Eindruck der völligen Abgeschiedenheit. Hier ist die Welt zu Ende. Wir stoßen aber auf Spuren von Polarexpeditionen. Wenn man die Ruinen der kargen Hütten sieht, kann man sich die unglaublichen Strapazen der Forscher und ihren unbedingten Willen, in dieser Eiswelt zu überleben, als Tourist nicht annähernd vorstellen. So kam es am 17.6.1896 auf Kap Flora zu einer schicksalsträchtigen zufälligen Begegnung inmitten einer menschenleeren Landschaft. Als der Brite Frederick Jackson plötzlich zwei vermummte Gestalten auf sein Überwinterungscamp zulaufen sah, fragte er den einen: »Aren't you Nansen?«, und dieser antwortete: »Yes, I am Nansen.« Keiner wusste vorher vom Aufenthaltsort des anderen. Auf der Fahrt bestehen auch gute Chancen für Tierbeobachtungen. Werden Eisbären oder eine Herde Walrosse auf dem Meereis entdeckt, navigieren die Brücken-Offiziere den Eisbrecherkoloss

Rechts: Die für die Champ-Insel so charakteristischen Geoden, die »Teufelsgolfbälle«, gleichmäßig runde Steinkugeln.
Rechte Seite oben links: Die Geoden haben einen Durchmesser bis zu mehreren Metern. **Mitte:** Bach-Steinbrech. Einige Inseln sind mit einem üppigen Pflanzenteppich bedeckt.
Rechts: Die immer wieder restaurierte älteste Hütte von 1881 auf der Insel Bell.

ganz behutsam zentimeterweise an die Tiere heran, sodass sie nicht aufgescheucht werden. Steht der Wind günstig, kommt der Eisbär schnuppernd näher, da er unsere Küchendünste wittert. Alles steht an der Reling. Wenn man sich etwas abseits hält, erlebt man die arktische Wildnis unmittelbar: den Eisbären, das Schiff, umgeben von Meereis, und die Mitreisenden – sonst keinerlei Grundrauschen der Zivilisation, kein hektisches Treiben. Wir frieren in der Kälte, auch im Hochsommer klatschen einem oft Eisnadeln ins Gesicht.

Oben: Im August muss die »Kapitan Dranitsyn« vor Franz-Joseph-Land nicht mehr viel Eis brechen.
Rechts: Die Anlandungen erfolgen meist durch kurze Helikopterflüge. Dabei bietet sich ein tolles Panorama zur Insel hin.
Rechte Seite: Der typische Aufbau eines russischen Eisbrechers. Das oberste Aussichtsdeck der »Kapitan Dranitsyn« liegt 35 Meter über der Wasserlinie.

REISEINFO

FRANZ-JOSEPH-LAND mit seinen 75 Inseln und 16 200 Quadratkilometern Landesfläche befindet sich wie »Svalbard« auf dem europäischen Kontinentalschelf zwischen 80 Grad und 82 Grad nördlicher Breite. Die meiste Zeit des Jahres ist der Archipel vom Meereis eingeschlossen. Typisch sind Plateauberge mit steilen Flanken aus horizontal geschichteten Sedimenten des Trias und Jura, darüber liegen mächtige Basaltdecken aus kreidezeitlichen Vulkaneruptionen. Nur im Osten ist die vulkanische Deckschicht erodiert und es dominieren flache Formen. Rund 85 Prozent der Inseln sind eisbedeckt. Karge Küsten mit Geröllschutt kontrastieren mit Gebieten wie Kap Flora, die einen für die Nordlage üppigen Pflanzenteppich haben. Die höchste Kuppe liegt auf Wilczek Land und erreicht 670 Meter. Welche Inseln man besuchen kann, ist von den Witterungs- und Eisverhältnissen abhängig. Auf einem Eisbrecher erfolgen die Landgänge meist per Helikopter. An Land muss man innerhalb des Terrains bleiben, das die bewaffneten Eisbärenwächter abstecken. Der Archipel wurde von der österreich-ungarischen Expedition (1872–74) unter Carl Weyprecht und Julius Payer zufällig entdeckt. Sie wollten zum Nordpol, als ihr Schiff schon im Oktober 1872 vom Eis eingeschlossen wurde. Nachdem sie zehn Monate langsam nach Norden trieben, sichteten sie unbekanntes Land. Sie nannten es nach ihrem Kaiser Franz-Joseph-Land. Zahlreiche Expeditionen verschiedener Länder folgten in das neu entdeckte Gebiet. Daher gibt es viele geschichtsträchtige Zeugnisse. Die Inseln sind ein Dorado für Seevögel.

BELL-INSEL. Über dieser fast eisfreien, hocharktischen Kältewüste erhebt sich ein charakteristischer, glockenförmiger Berg. Auf dem flachen Kiesstrand steht die älteste Hütte auf Franz-Joseph-Land aus dem Jahre 1881.

KAP FLORA. Gegenüber der nahen Bell-Insel wirkt Kap Flora auf der Northbrook-Insel völlig anders. Tausende von Dickschnabellummen, Dreizehenmöwen und Schmarotzerraubmöwen, die an den steilen Basaltklippen brüten, düngen mit ihrem Guano die nährstoffarme Tundra. Zusätzlich liegt das Kap klimatisch begünstigt und ermöglicht eine Vegetationspracht, die man so weit im Norden nie vermuten würde. Auf einem dicken, üppigen Moospolsterteppich gedeihen Steinbrecharten, Hahnenfußgewächse und Gletschermohn. Unter kleinen Felsvorsprüngen brüten sogar Schneeammern.

HOOKER-INSEL. Im Nordwesten in der **TICHAJA-BUCHT** wurde von 1929–59 eine sowjetische Station betrieben. 20 Gebäude, ein Hangar und ein Beobachtungsturm sind noch erhalten. Überall rosten Fässer. Müll und Schrott verunzieren die Landschaft. In der Nähe erhebt sich die steile Basaltklippe, **RUBINI**

ROCK, auf der Dickschnabellummen und Dreizehenmöwen brüten. Geologisch ist der Felsen wegen seiner Verwerfungen und Kippungen der Gesteinsschichten interessant.

ALGER-INSEL. Markante Plateauberge heben sich über das Meer. Im unteren Bereich bestehen die sanften Hänge aus weichen Sedimenten, darüber liegt eine harte, widerstandsfähige Basaltschicht. Die Ruinen von der amerikanischen Ziegeler-Expedition zeugen von den Überwinterungen 1901/02 bis 1904/05. Die achteckige Form der vorgefertigten Hütten ist typisch für Franz-Joseph-Land. Sie waren stabil und mit dem Ofen in der Mitte energetisch sehr günstig.

HALL-INSEL. Im Süden der großen eisbedeckten Insel erhebt sich Kap Tegetthoff mit steil aus dem Meer ragenden bizarren Basaltnadeln. Über einer eisfreien Ebene erheben sich hohe Felsklippen. Davor staut sich Wasser in einer Lagune, um die saftig-grüne Moose wachsen. Besonders üppig gedeiht der weiße und gelbe Gletschermohn. Auf einem kleinen Felsen erinnert eine Plakette an die österreich-ungarische Tegetthoff-Expedition, die zur Entdeckung des Archipels führte.

WILCZEK-INSEL. Sie besteht aus einem kargen Hochplateau, einer trostlosen Steinwüste mit Trümmern aus Basaltschutt und Frostsprengungen. Auf einer kleinen Felssäule der Südklippe, die nur über einen schmalen Grat zugänglich ist, liegt das älteste Grab auf Franz-Joseph-Land. Auf der Messingplatte am schlichten Holzkreuz ist die Inschrift eingeritzt: »Hier ruht Otto Krisch, Maschinist der österreichischen arct. Expedition, gest. an Bord des Schiffes Admiral Tegethoff am 16. März 1874. 29 Jahre alt. Friede seiner Asche.« Im März muss es für die Kameraden äußerst anstrengend gewesen sein, die Steine aus dem Frost zu lösen, um den Leichnam vor Eisbären zu schützen.

CHAMP-INSEL. Auf dem steinigen Schwemmfächer, den ein Schmelzwasserfluss abgelagert hat, liegen die für die Champ-Insel charakteristischen Geoden, »des Teufels Golfbälle«, gleichmäßig runde Steinkugeln von wenigen Zentimetern bis mehreren Metern Durchmesser, die aus der Sedimentschicht herauswittern und den Hang hinunter zum Strand rollen.

WILCZEK-LAND. Im Nordwesten liegt Kap Heller. Mehrere Kulturdenkmäler, Überreste der Steinhütte der amerikanischen Wellman-Expedition von 1898/99, Bernt Bentsens Grab und eine Gedenksäule mit Kratzspuren von Eisbären, erinnern an die Pioniere. In der Hütte bewachten damals im Winter zwei Norweger das Proviantdepot unter undenkbaren Strapazen. Voll gestellt mit Vorräten hatten sie in der Hütte gerade noch Platz für zwei Schlafstellen. Es herrschten selbst in der Hütte Minustemperaturen. Sie hatten nur wenige Kerzen und minimale Nahrungsrationen für sich. Am 2. Januar 1898 verstarb Bernt Bentsen. Paul Bjørvig hatte seinem Kameraden versprochen, dessen Leichnam nicht den Eisbären zu überlassen. So verbrachte er noch acht Wochen im selben Schlafsack neben dem

Toten, bis schließlich am 27. Februar die anderen Expeditionsteilnehmer eintrafen.

JACKSON-INSEL. Im Süden befindet sich Kap Norvegia, ein steiler Schutthang vor einem steinigen Strand. Vom Schiff aus wirkt die Landschaft öde und trostlos, daher überrascht die Vielfalt an kleiner, aber farbenfroher Vegetation. Hier gedeihen üppige rote und grüne Moospolster, Rentierflechten, Anfang August kleine Pilze, Steinbrecharten und Gletschermohn. 1895/1896 überwinterten in der Nähe die Norweger Fridtjof Nansen und Hjalmar Johansen auf ihrer Fram-Expedition.

RUDOLF-INSEL. Sie ist die nördlichste Insel Eurasiens, etwa 1300 Kilometer vom norwegischen Nordkap entfernt. Julius Payer erreichte schon 1874 bei Kap Fligely das nördlichste Kap des Archipels und errichtete ein Steinmännchen mit einer Nachricht. Meist ist die Rudolf-Insel von Eis eingeschlossen und dann unerreichbar. Angelandet wird in der nordwestlichen Teplitzbucht. In den 1930er Jahren baute man hier eine militärische Wetterstation, die nach dem Zweiten Weltkrieg erweitert und bis 1995 betrieben wurde. Heute befinden sich die Gebäude in zunehmendem Verfallsstadium. Überall liegen Schrott, Müll und rostende Treibstofftanks herum.

Linke Seite: Dick vermummt und mit der obligatorischen Schwimmweste ausgerüstet genießen wir die Zodiactour.
Oben: Oftmals sind die Inseln bis in den Hochsommer von einem dicken Eisgürtel umgeben, sodass wir nicht mit Zodiacs fahren, sondern mit Helikoptern an Land fliegen.

Oben: Die Ruine der Basisstation von der amerikanischen Wellman-Expedition (1898/99), das »Harmsworth House«. Typisch ist der achteckige Grundriss, in der Mitte stand der Ofen.
Rechts: Über die eisfreie Südostspitze der Insel Hall erhebt sich ein vulkanisch geprägtes Bergmassiv mit steilen Felstürmen. Im Vordergrund der Berge befindet sich die Ruine »Harmsworth House«.

DER MÜHSAME WEG NACH »ULTIMA THULE«

Seit Jahrhunderten folgten Abenteurer, Pioniere und Forscher dem Lockruf der Arktis, um Ruhm zu ernten oder zumindest Gold zu entdecken. Einer der Ersten war um 330 v. Chr. Pytheas von Massilia. Sein nördlichstes Ziel, vielleicht die Shetland-Inseln, nannte er »Thule«. »Ultima Thule« bezeichnet daher den am weitesten nördlich gelegenen Ort. In den folgenden Jahrhunderten galt es vor allem, die Nordwest- und die Nordostpassage zu suchen, um den Handel auf einer zollfreien Wasserstraße von Europa aus mit dem Fernen Osten zu erleichtern, denn seit dem Vertrag von Tordesillas 1494 kontrollierten die Spanier den Seeweg um Kap Hoorn und die Portugiesen den um das Kap der Guten Hoffnung. Das dritte Ziel war der Nordpol. Auf Pytheas folgten Männer wie der Genueser John Cabot, der 1497 für die Engländer – noch vor Martin Frobisher (1576) – die Nordwestpassage suchte, stattdessen aber Neufundland entdeckte. 1847 blieb John Franklin auf seiner Suche verschollen. Mit dem Fehlschlag der gut ausgerüsteten Franklin-Expedition erlosch das britische Interesse an diesem Seeweg. 1903–06 durchsegelte der Norweger Roald Amundsen mit seinem Schiff »Goja« erstmals erfolgreich die komplette Nordwestpassage. Die Nordostpassage sollte der Holländer Willem Barents erkunden, stattdessen entdeckte er 1596 Spitzbergen. Erst 1878–79 fand der Schwede Adolf Erik Nordenskjöld mit der »Vega« den Weg durchs Eis. Dem Nordpol haftet bis heute ein besonderer Mythos an. Die österreich-ungarische Expedition von Carl Weyprecht und Julius von Payer (1872–74) wollte zum Nordpol, blieb aber auf Franz-Joseph-Land hängen. Der Amerikaner Robert Peary ließ sich 1909 als erster Mensch am Nordpol feiern. Ob Peary den Nordpol wirklich erreichte, ist bis heute ein Streit unter Polarforschern, denn die Arktis war nicht nur Schauplatz für Helden, sondern auch Spielplatz für Getriebene, die mit krankhaftem Ehrgeiz und rücksichtslosem Streben nach Rekorden wetteiferten.

Oben: Willem Barents, der Endecker von Spitzbergen (1596), auf Eisbärenjagd im Nordpolarmeer.
Rechte Seite oben: Knud Rasmussen auf seiner fünften Polarexpedition (1921–24).
Rechte Seite unten links: Nils-Adolf Erik Nordenskjöld durchfuhr 1878–79 als Erster die Nordostpassage. **Mitte:** Roald Amundsen. **Rechts:** Julius von Payer, Mitentdecker von Franz-Joseph-Land.

Linke Seite oben: Schon von Kap Flora aus sieht man den charakteristischen Glockenberg auf der Insel Bell.
Linke Seite unten: Die Seevögel, die an der Steilklippe von Kap Flora brüten, düngen mit ihrem Guano den Hang so gut, dass sich eine prächtige Vegetation mit dicken Moospolstern ausbilden kann.
Oben: Der Eissturmvogel als Guanolieferant.

Links: Während unser Eisbrecher auf Reede liegt, können wir für ein paar Stunden die Landschaft genießen. Die dicke gelbe Schwimmweste bietet an Land bei den oft vorherrschenden kalten Winden einen zusätzlichen Wärmeschutz.
Unten links: Selbst auf 80 Grad nördlicher Breite gedeihen auf einigen geschützten Inseln dicke Moospolster.
Unten: In manchen Buchten herrscht ein so günstiges Mikroklima, dass sich prächtige Blütenpflanzen wie der Schwefelgelbe Hahnenfuß und der Rote Steinbrech entwickeln.

DER WEG IST DAS ZIEL: NORDOSTPASSAGE – NORDPOL – NORDWESTPASSAGE

Der literarisch begründete Mythos – Seewege nach China zu entdecken – ist uralt und beruht auf fantastischen Berichten über unsägliche Strapazen und Tote, die diese Expeditionen kosteten: Eiserne Männer auf hölzernen Schiffen fuhren um Kap Hoorn im tiefen Süden und verschwanden im Antarktischen Ozean oder versuchten die Durchfahrt im hohen Norden zu erzwingen und starben im Eismeer (vgl. S. 140).

Heute nehmen wir einen gut geheizten russischen Eisbrecher, ausgerüstet mit Hubschraubern und allem technisch Notwendigen und fahren einfach nach Kompass und Satellitenkarten. Das Wetter ist da kaum noch ein Thema. Zum Nordpol gelangt man heute mit 75 000 von Atom getriebenen Pferdestärken – wenn Sie bereit sind, pro PS einen halben Dollar Reisekosten hinzulegen. Die Nordostpassage wird mit von Eisbrechern geführten Konvois im Sommer relativ regelmäßig befahren. Sobald der Klimawandel ab etwa 2020 so viel Eis getaut haben wird, dass man auf die Eisbrecher verzichten kann, wird die Passage sich wohl zum schnellen Handelsweg nach Asien entwickeln. Heute ist diese Reise insofern noch etwas Besonderes, weil es nur ein paar Hundert Menschen gibt, die sie zum Spaß befahren. Wenn man Pech hat, bedeutet das drei Wochen Nebel und Langeweile. Der Nordpol war 2006 zum zweiten Mal (seit dem Jahr 2000) fast ohne Eisbrecher erreichbar, die staunende Besatzung der »Yamal« dampfte bis zehn Kilometer vor dem Pol durch offenes Wasser, dann erst trafen sie auf die Packeisgrenze.

Neu sind die wirklich noch expeditionsmäßigen Schlittenhund- oder Skireisen vom russischen Sommerstützpunkt Borneo, der am 89. Breitengrad auf einer treibenden Eisscholle liegt. 120 Kilometer vom Nordpol entfernt macht man sich auf die Bretter, einen Schlitten im Schlepp, und gleitet sechs bis acht Stunden pro Tag über das Eis zum Nordpol. Sieben bis neun Tage verbringt man auf dem Eis unter der Leitung des Schweizer Bergführers Thomas Ulrich aus Interlaken (www.thepole.ch). Der älteste Teilnehmer war bislang 69 Jahre »jung«. Von den Schlittenhunden kann man sich sogar fahren lassen. Die russischen Spezialisten stellen sicher, dass man nicht in die Gefahr gerät, dass tun zu müssen, was die Inuit verächtlich über den Nordpol sagen: »Kingmersoriartorfigssuak«, was bedeutet, »der Ort, an dem man nur Hunde isst«. Stattdessen gibt es konzentrierte Expeditionsnahrung aus der Tüte, die mit aufgetautem Schnee angerührt wird. Gelben Schnee sollte man ja bekanntlich nicht dazu nehmen ...

Zurück fliegt man mit dem Hubschrauber zur Eisstation und dann mit dem Transportflugzeug »Antonov 74« wieder nach Spitzbergen.

Und die Nordwestpassage? Nach Roald Amundsen (1903–06, siehe S. 140) waren die Kreuzfahrtkapitäne

Hasse Nilsson mit der »Lindblad Explorer« (1984) und besonders Heinz Aye mit der »World Discoverer« (1985), der »Society Explorer« (1988), der »Frontier Spirit« (1992) und der »MS Hanseatic« (1997, 1998) die ersten erfolgreichen Boten des neuen Expeditionstourismus. Aber auch für die Nordwestpassage gilt, Spaß bei Zodiacfahrten und Landgängen hat man nur bei gutem Wetter und wenig Eis. Sonst hängt man hinter dem Eisbrecher und seinem Suchhubschrauber und muss immer weiter. Dann wird der Weg zum eigentlichen Ziel. Dabei sein ist alles? Das mag als olympisches Motiv gelten, aber spätestens, wenn man Tage und Wochen durch den obligatorischen Nebel fährt, kaum den Eisbrecher vor sich sieht, wird es langweilig. Vor allem für den, der schon überall war. Nicht umsonst heißt das literarische Werk von Sten Nadolny über die gescheiterte Franklin-Expedition »Die Entdeckung der Langsamkeit«. Das lernt man in der Arktis schnell: Man kann nur mit der Natur, aber nicht dauerhaft gegen sie leben. 2004 musste eine Durchquerung der Nordwestpassage abgesagt werden: Zu viel Packeis, selbst mit ständiger kanadischer Eisbrecherhilfe war kein Durchkommen möglich, so berichtet Kapitän Aye in seinem Buch »Winde der sieben Weltmeere« (Aye S.68).

Linke Seite: 1893–96 erforschte der Norweger Fridtjof Nansen mit der »Fram«, dem berühmten Polarschiff, das Nordpolarmeer. Heute ist es in Oslo auf der Bygdøy-Halbinsel im Fram-Museum ausgestellt.
Oben: Nebel ist typisch für den kanadischen Archipel.

Die spektakulären Basaltklippen von Kap Tegetthoff vom Hubschrauber aus.

ALLGEMEINE INFORMATIONEN

ANREISE/REISEN IM LAND. Weite Teile der Arktis sind wegen des Eises und der Abgeschiedenheit nicht zu bereisen. Mehr als 90 Prozent der Touristen kommen per Schiff nach Grönland, Spitzbergen und in die östliche kanadische Arktis.

EXPEDITIONS-KREUZFAHRTEN. Eine Expeditions-Kreuzfahrt in die Arktis ist bis heute ein Abenteuer, ein Erlebnis pur. Keine Fahrt gleicht der anderen, denn Eis-, Wind- und Wetterverhältnisse erfordern oft eine Änderung im Reiseablauf. Es gibt Expeditions-Kreuzfahrten mit anspruchsvollem Landprogramm, Schnupper-Kreuzfahrten mit ein paar arktischen Zielen innerhalb einer Nordlandtour, kleine Eisbrecher, die auch Ostspitzbergen umrunden, oder große wie die »Kapitan Klebnikov«, die die russische oder kanadische Arktis anfahren. Wer in die entlegensten Regionen reisen möchte und längere Landgänge bevorzugt, der sollte ein möglichst kleines Schiff (bis zu 100 Passagieren) bevorzugen. Es gibt in der Einsamkeit keinen Hafen, keinen Steg, man kommt nur mit Zodiacs an Land. Bei geringer Gästezahl erfolgt dies recht schnell.

Der Kreuzfahrt-Markt ist sehr schnelllebig. Neue Schiffe kommen hinzu, alte vertraute werden ausgemustert. Diese Übersicht hat den Stand von Herbst 2008. Bei den vielen verschiedenen Kreuzfahrtschiffen – mit ganz unterschiedlicher Größe und Komfort – verliert man schnell den Überblick. Die kleinen Schiffe bis 50 Passagiere werden wegen geringer Rentabilität zunehmend vom Markt genommen. Manche Schiffe werden immer wieder umbenannt. Jedes Jahr ändern sich auch die Eisverhältnisse um Franz-Joseph-Land und zum Nordpol. Das abgelegene Franz-Joseph-Land wurde bis 2006 unregelmäßig als Rundreise mit dem Eisbrecher »Kapitan Dranitsyn« angelaufen. Der Atomeisbrecher »Yamal« legte auf dem Weg zum Nordpol nur ein paar Zwischenstopps auf diesen Inseln ein. Die »Kapitan Dranitsyn« steht nicht mehr zur Verfügung, da sie derzeit für die Ölexploration verchartert ist. Ab Sommer 2009 übernimmt der Atomeisbrecher »50 Years of Victory« die Reise zum Nordpol.

Es ist sehr wichtig, sich gut zu informieren, um ein optimales, individuelles Reise-Highlight zu erfahren. Die Angebote klingen allesamt verführerisch, aber es gibt große Unterschiede, was die Qualität und das Preisleistungsverhältnis betrifft.

Die folgenden Kurzporträts von ausgewählten Schiffen sollen einen Eindruck über die Vielfalt der Angebote geben. Jeder muss für sich entscheiden: Möchte man eher Luxus oder mehr Expeditionscharakter? Sollen die Landgänge im Vordergrund stehen oder das gepflegte Fünf-Gänge-Menü? Die Reihenfolge ist nach der Passagierzahl festgelegt:

Rechte Seite: Der Zodiacshuttle zum Land dauert 5 bis 10 Minuten.

»MS Polar Star« – Karlsen Shipping Company, Halifax, Kanada

Der ehemalige Eisbrecher wurde 1969 in Finnland gebaut. Er ist ein bequemes Expeditionsschiff mit »offener Brücke«, d.h. man darf sich auf der Brücke aufhalten und kann die Offiziere bei der Arbeit beobachten. In der Lounge kann man die Aussicht aus den großen Fenstern genießen.

Eisklasse 1A1/1A, Tonnage: 3 500 t, Zodiacs, max. 105 Passagiere, 1 Tischzeit, Bordsprache: englisch, norwegisch; Kleiderordnung leger bis zwanglos.

Infos unter: *www.polarstarexpeditions.com*

Oben: Die Küstenfähre »Saqqit Ittuk« wurde 2004 zur »Disko II« umgebaut und 2007 in »MS Quest« umbenannt.
Rechte Seite oben: Die »MS Polar Star« ist ein gemütliches, kleines Expeditionsschiff.
Rechte Seite unten: Im Juni und Juli schützt am besten ein solches Mückennetz gegen die kleinen Plagegeister.

»Kapitan Klebnikov« – Quark Expeditions, Murmansk, Russland

Der Eisbrecher ist 1981 in Finnland gebaut worden. Als Expeditionsschiff mit »offener Brücke« fährt es in manchen Jahren die Nordwest-Passage. Es bricht bis 1,5 m dickes Eis und hat 24 000 PS. Die Landausflüge erfolgen mit Helikoptern.

Eisklasse LL 3, Helicopter und Zodiacs, max. 108 Passagiere, 1 Tischzeit, Bordsprache: englisch; Kleiderordnung leger bis zwanglos.

Infos unter: *www.quarkexpeditions.com*

»MS Akademik Ioffe« – Peregrine, Adventure Fleet, Russland

Das Schiff wurde 1988 in Skandinavien für die Russische Akademie der Wissenschaften speziell für den Einsatz in die polaren Regionen gebaut. Es ist ein be-

quemes Expeditionsschiff mit »offener Brücke«, Sauna und Schwimmbad.
Eisklasse: A2, Tonnage: 6 450 t, Stabilisatoren, Zodiacs, max. 110 Passagiere, 1 Tischzeit, Bordsprache: englisch; Kleiderordnung leger bis zwanglos.
Infos unter: *www.oceanadventures.co.uk*

»M/V Plancius« – Oceanwide Expeditions, Niederlande
1976 wurde es als ozeanografisches Forschungsschiff für die holländische Marine gebaut. Seit 2006 gehört es zu Oceanwide, wo es nach Umbauten ab 2009 als komfortables, gemütliches Expeditionsschiff eingesetzt wird. In der Panorama-Lounge hat man einen tollen Ausblick auf die Landschaft. Eine Gangway auf beiden Seiten des Schiffes ermöglicht vom Wind abgewandte ruhige Ein- und Ausstiege in die Zodiacs.
Eisklasse A3, Zodiacs, max. 112 Passagiere, 1 Tischzeit, Bordsprache: englisch, Kleiderordnung: leger.
Infos unter: *www.oceanwide-expeditions.com*

»50 Years of Victory« – Murmansk Shipping Company, Russland
Dieser Atomeisbrecher fährt ab 2009 statt der »Yamal« zum Nordpol und nach Franz-Joseph-Land. Er bricht

bis 2,5 m dickes Eis und verfügt über 75 000 PS. Mit Helikoptern wird man an Land gebracht.

Eisklasse: LL1 höchstmögliche Eisklasse, Tonnage: 12 700 t, Helicopter und Zodiacs, max. 128 Passagiere, 1 Tischzeit, Bordsprache: englisch; Kleiderordnung leger bis zwanglos.

Infos unter: *www.quarkexpeditions.com*

»M/V Prince Albert II« – Silversea Cruises, Fort Lauderdale, USA

Das luxuriöse Fünf-Sterne-Schiff ist die umbenannte »World Discoverer II«. 2009 starten die Arktis-Expeditionen erstmals in der 15-jährigen Reedereigeschichte mit deutschen Lektoren und deutscher Crew.

Eisklasse: 1A, Tonnage: 6 072 t, Zodiacs, max. 132 Passagiere, 1 Tischzeit, Bordsprache: deutsch, englisch; Kleiderordnung leger bis elegant.

Infos unter: *www.silversea.de*

»MS Bremen« – Hapag-Lloyd Kreuzfahrten, Hamburg

Das Vier-Sterne-Expeditionsschiff ist 1990 in Japan gebaut worden. Der Expeditionscharakter steht bei die-

sem Schiff stärker im Vordergrund als auf der »MS Hanseatic«.

Eisklasse: E4, Tonnage: 6 752 t, Stabilisatoren, Zodiacs, max. 164 Passagiere, 1 Tischzeit, Bordsprache: deutsch; Kleiderordnung: leger bis elegant für den Kapitänsempfang und den Abschiedsabend.

Infos unter: *www.hlkf.de*

»MS Hanseatic« – Hapag-Lloyd Kreuzfahrten, Hamburg

Das Fünf-Sterne-Expeditionsschiff ist 1993 in Finnland gebaut worden. Es bietet ein Naturerlebnis bei exklusivem Komfort und stilvollem Dinner. Die großen 44 m^2 Suiten haben Butlerservice.

Eisklasse E4, Tonnage: 8378 t, Stabilisatoren, Zodiacs, max. 184 Gäste, 1 Tischzeit, Bordsprache: deutsch; Kleiderordnung: leger bis elegant für den Kapitänsempfang und den Abschiedsabend.

Infos unter: *www.hlkf.de*

»MS Fram« – Hurtigruten, Norwegen

Das Schiff ist 2007 in Italien speziell für Seereisen in die Arktis und Antarktis gebaut worden. Es ist ein modernes Schiff, mit großzügiger Panorama-Lounge, Fitnessraum, Sauna und Yacuzzis.

Eisklasse: 1B, Tonnage: 12 700 t, Stabilisatoren, Zodiacs, max. 318 Passagiere, 2 Tischzeiten, Bordsprache: norwegisch, englisch, deutsch; Kleiderordnung leger bis zwanglos.

Infos unter: *www.hurtigruten.de*

AUSKUNFT. Ikarus Tours gibt jeden Herbst einen Katalog zu »Expeditions-Kreuzfahrten« heraus, der einen guten Überblick über Seereisen mit den unterschiedlichen Schiffen verschiedener Reedereien mit Schwerpunkt Arktis und Antarktis bietet. Zu bestellen bei: *Ikarus Tours GmbH, Postfach 1220, 61452 Königstein.*

Informationen bieten folgende Internetadressen: *www.greenland.com, www.svalbard.net,* außerdem bei *www.expeditionskreuzfahrten.de.* Hier gibt es einen Überblick über Fahrtgebiete und einzelne Expeditionsschiffe; *www.seereisenportal.de, www.polar-kreuzfahrten.de* und *www.northpolevoyages.com.* Auf unserer Homepage *www.antarktis-arktis.de* finden Sie neben weiteren Informationen ein Reiselogbuch aus dem Jahr 2004: »Mit der ›Disko II‹ in Westgrönland«.

Linke Seite oben: Die Panorama-Lounge für herrliche Ausblicke.
Linke Seite unten: Kapitän Rune Andreassen zeigt stolz seine Brücke auf der »MS Fram«.
Oben: Seit 1977 betreibt die deutsche Honorarkonsulin Elke Meissner in diesem Konsulatsgebäude ihr Reiseunternehmen.
Links: Die Crew ist auf dem Bug zum Gruppenfoto angetreten.

REISEZEIT. Kreuzfahrten werden von Juni bis Mitte September angeboten. Mitte Juni bis Ende Juli blüht die farbenfrohe, arktische Pflanzenwelt unter der Mitternachtssonne. Es ist die Brutzeit der Seevögel. Mitte August beginnt die Herbstverfärbung, die zu den weißen Eisbergen einen schönen Kontrast bildet. Die wieder unter den Horizont versinkende Sonne bewirkt farbenprächtige Abendstimmungen. Bei klarem Nachthimmel sind schon erste Polarlichter zu sehen. In die Hocharktis wie nach Ellesmere Island, Nordgrönland/Qaanaaq, Ostspitzbergen oder Franz-Joseph-Land kann man wegen der Eissituation erst ab Mitte Juli bis Mitte September reisen.

AUSRÜSTUNG. Für die Arktis ist »Zwiebeltechnik« bei der Kleidung angesagt. Die Mitternachtssonne im Juni/Juli bei Windstille ist sehr intensiv, bei bedecktem Himmel und Wind kann es sehr kalt sein. Wetterumschwünge passieren schnell, daher sollten immer Pullover, Schal und Handschuhe im Rucksack sein. Gute Wanderschuhe und Mückennetz nicht vergessen. Gymnastikstrümpflinge schützen die Fußgelenke zwischen Hose und Schuhrand vor Stechmücken. In der Hocharktis benötigt man zusätzlich lange Skiunterwäsche, eine dicke Polarfleecejacke, eine Mütze und eine wasserdichte, warme Überhose für Zodiacfahrten. Sonnenbrille, Lippenpflege, Sonnencreme und Mückenmittel nicht vergessen.

GESUNDHEIT. Krankenhäuser gibt es nur in größeren Ansiedlungen. Man sollte eine Auslandskrankenversicherung abschließen. Auf den größeren Kreuzfahrtschiffen sind meist ein Arzt und eine Krankenschwester an Bord.

GRÖSSE/LAGE/NATURRAUM. Die Arktis ist nicht eindeutig definiert. Sie wird beschrieben als Land- und Meeresgebiete um den Nordpol mit polarem Klima, Dauerfrostboden und Tundravegetation. Biogeografisch fällt die Südgrenze der Arktis mit der Zehn-Grad-Juli-Isotherme zusammen. Nördlich dieser Linie werden im Durchschnitt selbst im wärmsten Monat Juli nicht über 10 Grad Celsius erreicht. Südlich dieser Linie geht die

Arktis in die Waldtundra und schließlich in die subarktische Taiga, die borealen Nadelwälder, über. Wichtiger Lebensraum für Robben und Wale sind Polygnas, auch im Winter offene Wasserstellen im Meereis, die sich durch Wind und Strömung bilden.

Zur **EUROPÄISCHEN ARKTIS** zählen Grönland, Spitzbergen und auf dem Festland ein winziges Stück von Nordnorwegen: die Varanger- und Nordkinn-Halbinsel. Die **RUSSISCHE ARKTIS** umfasst Nordsibirien und die Inselwelt bis zum Nordpol. Die **KANADISCHE ARKTIS** umfasst das Territorium Nunavut mit großem Festlandsanteil und einem ausgedehnten Insellabyrinth. Es ist mit etwa zwei Millionen Quadratkilometern sechsmal so groß wie Deutschland. Im Süden wird Nunavut von der südlichen Hudson Bay begrenzt, im Norden von Ellesmere und im Westen von der Banks-Insel.

BEVÖLKERUNG. Die **ARKTIS** ist wegen der unwirtlichen Klimabedingungen nur dünn besiedelt. Weite Areale sind wegen der Vergletscherung unbewohnbar. In **GRÖNLAND** leben 57 000 Menschen, 50 Prozent davon in der Hauptstadt Nuuk, in Sisimiut und in Ilulissat. Auf **SPITZBERGEN** wohnen knapp 3000 Menschen, allein 1650 in Longyearbyen und etwa 900 in Barentsburg. **FRANZ-JOSEPH-LAND** war – wie Spitzbergen – nie von den Inuit besiedelt. Heute ist nur ein Militärstützpunkt, die »Nagurskoje-Station«, auf der Insel Alexandra-Land mit knapp zehn Mann besetzt. In **NUNAVUT** leben 29 000 Menschen.

Linke Seite oben: Hotelmanager René Kopsoven serviert Moschusochsen- und Rentierfleisch beim grönländischen Spezialitätenbüfett.
Linke Seite unten: Ein Barbecue inmitten der arktischen Landschaft ist etwas ganz Besonderes.
Oben: Diese Zodiactour führt in die Eiswelt von Kap York.

VERWALTUNG/WIRTSCHAFT. Da die Arktis zu ganz unterschiedlichen Ländern (Kanada, Europa, Russland) gehört, gibt es große Unterschiede. **GRÖNLAND** verwaltet sich seit dem 1. Mai 1975 innenpolitisch selbst, Dänemark ist aber immer noch für Außen-, Verteidigungs-, Justiz- und Währungsfragen zuständig. Das grönländische Parlament wird für vier Jahre gewählt.

Seine 31 Mitglieder tagen zwei- bis viermal im Jahr in Nuuk. Die grönländischen Debatten werden simultan ins Dänische übersetzt. Grönland schickt zwei Vertreter ins dänische und umgekehrt entsendet Dänemark einen Hoheitsbeauftragten ins grönländische Parlament. Am 21. Juni 2009 tritt das Gesetz einer neuen Form der Selbstregierung (Selvstyre) vor allem im Justiz- und Polizeisektor in Kraft, ein Schritt zur völligen Autonomie von Dänemark. Die erweiterten Rechte sollen mit einer zunehmenden wirtschaftlichen Verantwortung einhergehen. Am 14. August 1925 wurde der **SPITZBERGEN**-Vertrag von neun Mitgliedern unterzeichnet, der dem Königreich Norwegen die Souveränität über Spitzbergen zuspricht. Es ist verboten, militärische Anlagen und Flottenstützpunkte zu errichten. Die Signaturmächte dürfen aber wirtschaftlich aktiv sein, so fördert Russland beispielsweise in Barentsburg Steinkohle. Nachdem in den 1990er Jahren die Versorgung und die Transporte für Barentsburg zurückgefahren wurden, besinnen sich die Russen heute wieder auf diesen strategisch wertvollen Außenposten. Spitzbergen hat nicht den Status einer norwegischen Provinz oder einer Kommune, sondern wird direkt von der Regierung durch den Sysselmann als örtlichem Verwaltungsorgan und Leiter der Exekutive vertreten. Er ist für alle polizeilichen und rechtlichen Dinge zuständig. Der zweiten Behörde steht der *Bergmester* vor. Er ist für Fragen des Bergbaus zuständig.

Russland beansprucht für seinen Arktisanteil den Sektor von der norwegisch-russischen Grenze in gerader Linie bis zum Nordpol.

FRANZ-JOSEPH-LAND galt bis 1926 als Niemandsland *terra nullius*. Völkerrechtlich hatte die UdSSR keinen Anspruch, denn die offiziellen Entdecker waren Österreich-Ungarn. Am 15. April 1926 erklärten die Russen alle Gebiete im Nordpolsektor nördlich der russischen Küste zum sowjetischen Hoheitsgebiet. 1928 errichteten sie auf Nowaja Semlja und Franz-Joseph-Land permanent besetzte Stationen, um ihren Gebietsanspruch zu unterstreichen. Hilfreich zur Durchsetzung dieses Anspruchs war die sowjetische Eisbrecherflotte mit dem Flagschiff »MS Svalbard«. Den Norwegern steht erst seit 2002 ein

Eisbrecher zur Verfügung. Von 1930 bis 1990 galt Franz-Joseph-Land für Ausländer offiziell als gesperrt. Ab 1990 öffnete sich die Inselwelt langsam, zunächst für Forscher als Mitglieder russischer Expeditionen, ab 1992 für wenige Touristen. Nach einer kurzen erneuten Schließung 1999 erlaubt Russland seit 2003 wieder ausländischen Besuchern den Zutritt, allerdings nur auf russischen Schiffen mit russischen Reiseveranstaltern, die mit westlichen Agenturen zusammenarbeiten. Im **ARKTISCHEN SIBIRIEN** gab Moskau nach dem Zusammenbruch der UdSSR kein Geld mehr an die Inuit und paläoasiatischen Stämme wie die Tschuktschen. Deren wirtschaftliche Situation ist heute so schlecht, dass manche zu ihrem früheren Nomadenleben zurückkehren. Andere haben diese Fähigkeiten verloren, nachdem ganze Generationen in Kol- und Sowchosen unter Stalin und Breschnew gearbeitet haben. Da Russland von den hohen Rohstoffpreisen auf dem Weltmarkt stark profitiert, fließt allmählich auch wieder etwas Geld in diese entlegenen Regionen.

NUNAVUT, ein Bundesstaat im Norden Kanadas, entstand am 1. April 1999 durch Teilung der kanadischen Northwest-Territories. Der Name bedeutet »unser Land«, denn die hier lebenden Inuit strebten seit Langem die Selbstverwaltung an. Am 25. Mai 1993 unterzeichneten die kanadische Regierung und die Tungavik Federation das Nunavut-Abkommen, das den Weg zu einer autonomen territorialen Regierung innerhalb der kanadischen

Linke Seite: Von Deck aus betrachten wir die Szenerie.
Unten: Ein ergreifendes Erlebnis, die »MS Quest« vor dem Eqip Sermia. Größere Schiffe müssen viel mehr Abstand halten.

Oben: Abendstimmungen in Nordwestgrönland. Langsam umrundet der Kapitän den Eisberg. Jede Seite dieses Eiskolosses wirkt anders. In der Abendsonne wirft die »MS Fram«, benannt nach dem berühmten Polarschiff von Fridtjof Nansen, ihren Schatten auf das Eis.
Rechts: Anfang September wird noch um Mitternacht das Meer an diesem Abend rot angestrahlt.

Großer in Auflösung begriffener Eisberg in der Diskobucht vor Westgrönland.

LITERATUR

Aye, H. (2006): Winde der sieben Weltmeere. Falkenberg Verlag, Fürth.

Barüske, H. (1968): Grönland – größte Insel der Erde. Safari Verlag, Berlin.

Beyens, L. (2002): Arktische Passionen. Ein Reisebericht. DTV, München.

Bruemmer, F. (2003): Mein Leben mit den Inuit. Frederking & Thaler, München. 2. Auflage.

De Quervain, A. & P. Haffner (1998): Quer durchs Grönlandeis. Die Expeditionen 1909 und 1912/13. Verlag NZZ, Zürich.

Freuchen, P. (1946): Der Eskimo. Safari Verlag, Berlin.

Høeg, P. (1994): Fräulein Smilla und ihr Gespür für Schnee. rororo TB, Reinbeck.

Kostrzewa, A. & Kostrzewa, R. (2006): Antarktis – Von Kap Hoorn ins ewige Eis. C. J. Bucher Verlag, München.

Kostrzewa, A. & Kostrzewa, R. (2007): Aktuelle Pinguin-Forschung: Pinguine und die globale Erwärmung. Naturwiss. Rundschau 60: 397 – 403.

Kostrzewa, R. & Kostrzewa, A. (2000): Naturreiseführer Skandinavien – Norwegen, Schweden, Nordfinnland. Franckh-Kosmos, Stuttgart.

Kostrzewa, R. & Kostrzewa, A. (2006): Tier- und Pflanzenführer Skandinavien. Franckh-Kosmos, Stuttgart.

Kostrzewa, R. & Kostrzewa, A. (2009): Arktis & Antarktis – Das Eis schmilzt. Naturwiss. Rundschau 61-68.

Kostrzewa, R. (1998): Die Alken (Alcidae) des Nordatlantiks. Vergleichende Brutökologie einer Seevogelgruppe. AULA-Verlag, Wiesbaden.

Kostrzewa, R. (2007): Grönland für Kreuzfahrer. CDROM-Buch. Dr. Renate Kostrzewa Verlag. 2. akt. Auflage. Zu beziehen unter www.antarktis-arktis.de.

Kvam, R. (2001): Im Schatten. Die Geschichte des Hjalmar Johansen, des »dritten« Mannes zwischen Fridtjof Nansen und Roald Amundsen. BTV, Berlin.

EISKLASSEN

Lopez, B. (1989): Arktische Träume. Leben in der letzten Wildnis. dtv, München.

Nadolny, S. (1983): Die Entdeckung der Langsamkeit. München.

Ransmayr, Ch. (2003): Die Schrecken des Eises und der Finsternis. Fischer TB.

Rasmussen, K. (2006): Unter Jägern und Schamanen. Tagebuch der Thule-Fahrt. Unionsverlag, Zürich. (Nachdruck der dt. Übersetzung von 1926).

Ritter, Christiane (1992): Eine Frau erlebt die Polarnacht. Ullstein, Berlin. (Nachdruck von 1938).

Deutschland

E (korrespondierende finnisch-schwedische Eisklasse II bzw. III)
E1 (korrespondierende finnisch-schwedische Eisklasse 1C)
E2 (korrespondierende finnisch-schwedische Eisklasse 1B)
E3 (korrespondierende finnisch-schwedische Eisklasse 1A)
E4 (korrespondierende finnisch-schwedische Eisklasse 1A Super)

Norwegen, Schweden, Finnland

1A Super Eisdicke bis 1,0 m
1A Eisdicke bis 0,8 m
1B Eisdicke bis 0,6 m
1C Eisdicke bis 0,4 m
II für sehr leichte Eisverhältnisse

USA

A3 Eisdicke über 1,0 m
A2 Eisdicke bis 1,0 m
A1 Eisdicke bis 0,6 m
A0 Eisdicke bis 0,3 m

Russland

LL1 Eisdicke über 2,0 m
LL2 Eisdicke bis 2,0 m
LL3 Eisdicke bis 1,5 m
LL4 Eisdicke bis 1,0 m
UL1 Eisdicke bis 0,8 m

REGISTER

SACHREGISTER

PERSONENREGISTER

Weitere Titel...

ISBN 978-3-7658-1517-1

ISBN 978-3-7658-1576-8

ISBN 978-3-7658-1635-2

ISBN 978-3-7658-1710-6

ISBN 978-3-7658-1594-2

Über die Autoren:
Insgesamt haben sie seit der Jahrtausendwende 24 Kreuzfahrten in die Arktis unternommen, um das Material für dieses Buch zu sammeln. Beide dokumentieren seit vielen Jahren ihre Arbeit und Reisen mit der Kamera.

Dr. Renate Kostrzewa hat in Köln Biologie und Geografie studiert und in Wirbeltier-Ökologie promoviert. Sie publizierte zahlreiche wissenschaftliche Artikel in (inter)nationalen Fachzeitschriften. Seit 1992 ist sie freiberuflich als Biologin, Dozentin und Autorin tätig. Sie verfasste bislang 19 Sach- und Reisebücher. Seit 2001 hat sie fünf Sommer in Grönland verbracht. Mehr unter: www.antarktis-arktis.de

Dr. Achim Kostrzewa hat in Köln Biologie, Geologie, Paläontologie und Germanistik studiert und über Tierökologie promoviert. Seit 1983 ist er wissenschaftlicher Mitarbeiter am Zoologischen Institut der Universität Köln. Hauptarbeits- und Lehrgebiet war die Ökologie und Tiergeografie von Vögeln und Säugern unter besonderer Berücksichtigung der Lebensräume und Ökosysteme gemäßigter und arktischer Breiten. Er ist Herausgeber, Autor und Mitautor zahlreicher Bücher und Fachartikel. Seit 1990 ist er in der freien Wirtschaft tätig.

Bildnachweis
Einbandfotos Vorderseite: Eisberg in spektakulärem Licht (Foto: A. Kostrzewa).
Einbandfotos Vorderseite unten und Seite 2/3: Die »MS Bremen« an der Eisgrenze bei 80° 20´ nördlicher Breite nördlich von West-Spitzbergen (Foto: A. Kostrzewa).
Einbandfotos Rückseite:
Oben: Bei Mushamma bekommt man einen Eindruck von der alten Jagdkultur (Foto: A. Kostrzewa).
Unten links: Eistore sind Reste von Schmelzwasserkanälen in Gletschern. Nach dem Kalben entstehen solche grandiosen Tore (Foto: R. Kostrzewa).
Unten Mitte: Der »Chef« schaut ganz interessiert, was wir so treiben. Er ist an seiner Hütte angekettet und langweilt sich in den Sommermonaten (Foto: A. Kostrzewa). – Unten rechts: Der Parka aus Seehundfell hält im harten Winter warm (Foto: R. Kostrzewa).

Thomas Härtrich, Leipzig: S. 26 links, 40/41 o., 109 o. r.; Christian Heeb: S. 64, 65 o. und u.; Picture alliance, Frankfurt/Main: S. 58, 140/141; H. Pum: S. 61. Alle anderen Aufnahmen stammen von Renate und Achim Kostrzewa.

Dank
Für die guten Arbeitsbedingungen auf der sechsten Spitzbergen-Umrundung der »MS Bremen« möchten wir Kapitän Heinz Aye und der Kreuzfahrtdirektorin Ingrid Schwarz danken. Renate Kostrzewa bedankt sich bei Kirstin Dmoch (Norden Tours) für zahlreiche Reisemöglichkeiten mit der »MS Disko II« nach Grönland und für die Vermittlung auf die »Kapitan Dranitsyn« nach Franz-Joseph-Land. Achim Kostrzewa bedankt sich beim Expeditionsleiter der »MS Fram«, Dr. Arne Kertelheim für die Unterstützung seiner fotografischen Arbeit in Grönland, Sommer 2007.

Alle Angaben dieses Bandes wurden von den Autoren sorgfältig recherchiert und vom Verlag auf Stimmigkeit und Aktualität geprüft. Allerdings kann keine Haftung für die Richtigkeit der Informationen übernommen werden. Für Hinweise und Anregungen sind wir dankbar. Zuschriften an den:

C. J. Bucher Verlag,
Produktmanagement,
Postfach 80 02 40,
D-81602 München,
E-Mail: lektorat@bucher-verlag.de

Projektmanagement: Joachim Hellmuth
Umschlag, Grafisches Konzept, Umsetzung:
Frank Duffek, München
Herstellung: Bettina Schippel
Technische Produktion:
reproline mediateram, München
Printed and bound in Italy by Printer Trento
Die Deutsche Nationalbibliothek – CIP-Einheitsaufnahme. Ein Titeldatensatz ist bei der Deutschen Nationalbibliothek erhältlich.

ISBN 978-3-7658-1599-7